Norbert Müller

WEIHNACHTEN MIT ALDI

ALDI Jahre wieder: die besten Rezeptideen für die schönste Zeit des Jahres

südwest

Köstliches rund ums Fest

INHALT

Plätzchen, Braten, Süßes – an Weihnachten darf geschlemmt werden.

FROHES FEST

Zum Weihnachstabend gehört ein liebevoll zubereitetes Festessen. Bei ALDI

finden Sie alle Zutaten für ein festliches, lukullisches und preiswertes Mahl.

Ein frohes Fest mit ALDI

Das wichtigste Fest des Jahres ist zweifelsohne Weihnachten. Schon wenn die Tage im Herbst wieder kürzer werden, macht man sich Gedanken darüber, welche Geschenke man dieses Jahr unter den Baum legen soll, wie man den Weihnachtsbaum schmücken und die Feiertage kulinarisch gestalten könnte. Die Kinder werden schon unruhig und beginnen zu fragen, wie viele Tage es denn noch sind, bis das Christkind kommt.

Zur Einstimmung auf das besinnliche Fest ist die Adventszeit im Dezember bestimmt. Sie ist nicht nur der schönste, sondern auch der geeignetste Moment, um sich dem Plätzchenbacken zu widmen – der ersten Küchenaktion, die für ein gelungenes Weihnachten erforderlich ist.

Da Weihnachten jedes Jahr etwas Besonderes sein soll, möchte man an den Feiertagen auch Mahlzeiten auf den Tisch bringen, die dem angemessen sind. Jede Familie hat zwar ihre traditionellen Weihnachtsspeisen, aber bei den vielen Feiertagen sollte man auch etwas Neues bieten können.

> ALDI ist bei den Deutschen beliebt. Viele Kunden haben sich bereits davon überzeugt, dass preiswerte Produkte trotzdem von guter Qualität sein können.

Stressfreie Weihnachten mit ALDI

Da wir in einer hektischen Zeit leben, hat sich zu den weihnachtlichen Traditionen wie dem geschmückten Tannenbaum, den schön verpackten Geschenken, den köstlichen Plätzchen, den besinnlichen Weihnachtsliedern, Kerzen und Lichtern, dem Hoffen auf ein weißes Weihnachten noch eine weitere hinzugesellt: der Weihnachtsstress. So vieles ist zu erledigen, zu besorgen, zu tun und zu planen, dass die Freude auf das Fest dabei schnell verloren gehen kann.

Ein Punkt, der dabei auch von Bedeutung ist, ist die Küchenplanung für die Feiertage. Diese beginnt schon mit dem Plätzchenbacken, da besondere Leckereien für das perfekte Weihnachten mehr Überlegung und Aufwand als sonst erfordern. Die Ideen und Rezepte in diesem Buch sollen Sie dabei unterstützen, dass Weihnachten das bleibt, was es sein sollte: das besinnliche Fest der Freude und der Liebe.

Viel Zeit kann durch effektives Einkaufen gewonnen werden. Da Sie alle Zutaten, die Sie für die Rezepte in diesem Buch brauchen, bei ALDI finden, müssen Sie auch nur in einen einzigen Laden gehen.

Die meisten Zutaten können Sie zum größten Teil schon rechtzeitig besorgen, beispielsweise tiefgefrorenes Gemüse und Fleischprodukte oder Konserven, so dass Sie vor den Feiertagen nur noch frisches Obst und Gemüse sowie eventuell Wurst- und Käsewaren einkaufen müssen. Und wenn Sie dabei dann auch noch etwas Geld eingespart haben, bleibt mehr für Geschenke übrig.

Kulinarisches Weihnachten

Es sind nicht nur die besonderen Feiertage, die man mit den festlichen Mahlzeiten würdigen will. Noch immer ist Weihnachten das klassische Familienfest und oft die beste Gelegenheit, wieder einmal alle Freunde oder Verwandten an einem Tisch zu versammeln.

Die Gäste bringen auch etwas mehr Ruhe und Zeit mit, so dass es sich wirklich lohnt, ein ausgiebiges Menü aufzutischen. Das kann deftig-ländlich mit Wild oder luxuriös mit Riesengarnelen, Lachs und Entenbrust ausfallen, sich von unseren nahen oder fernen Nachbarn inspirieren lassen oder mit sieben Gängen auch den letzten Zweifler überzeugen, dass es weihnachtet. Natürlich kann man es auch etwas ruhiger angehen und einige Köstlichkeiten ohne großen Aufwand zaubern oder mit einer originellen Idee überraschen. Bei einem Weihnachtsbrunch kann man die vorbereiteten Leckereien mit seinen Gästen zusammen genießen.

Auch für den Besuch von Verwandten und Freunden zum Nachmittagskaffee sollte man stets gerüstet sein und neben den obligaten Plätzchen mit Kuchen und Torten aufwarten können.

An einem grauen und kalten Winternachmittag ist dazu eine belebende Kaffeespezialität oder ein steifer Grog willkommen, und ein Abend vor den Lichtern des Weihnachtsbaumes wird mit einem Punsch noch schöner. Auf diese Weise kann Weihnachten nicht nur zum festlichen, sondern auch zum kulinarischen Höhepunkt des Jahres werden.

Um ein Festessen zuzubereiten, muss man kein Profikoch sein. Verwöhnen Sie Ihre Lieben zu diesem besonderen Anlass mit ungeahnten Gaumenfreuden, die leicht zuzubereiten sind.

Das ALDI-Konzept

Einer der großen Vorteile, der ALDI schließlich und endlich so bekannt und erfolgreich gemacht hat, sind die günstigen Preise. Allerdings ist »preisgünstig« nicht mit »billig« zu verwechseln. Die Qualität der Waren kann sich durchaus sehen lassen. Gut ist eben nicht immer gleichbedeutend mit teuer. Bei den vielen Ausgaben, die die Weihnachtszeit ohnehin mit sich bringt, weiß man das dann sicherlich besonders zu schätzen.

Wieso kann ALDI so günstige Preise anbieten? Hierfür gibt es zwei Hauptgründe: Einer liegt in der Konzentration des Sortiments auf eine überschaubare Produktpalette und die dadurch mögliche Vergabe von langfristigen Großaufträgen an die Hersteller. Zum anderen wird in den Supermärkten der ALDI-Kette auf unnötigen Luxus verzichtet. Somit wird es möglich, dem Kunden günstige Preise zu bieten und trotzdem eine gute Qualität zu gewährleisten.

Was viele nicht wissen: Einige namhafte Hersteller produzieren auch für ALDI. Die Produkte werden dann zwar unter einem anderen Markennamen angeboten, aber die Qualität bleibt die gleiche, nur eben zu besseren Preisen.

> **Bei ALDI haben Sie nicht die Qual der Wahl. Das macht Einkaufen sehr viel schneller und auch effizienter.**

Kleine Produktpalette

Zu all dem kommt hinzu, dass man sich bei ALDI auch darauf beschränkt, die meisten Produkte nur in einer Ausführung anzubieten, was auch die überschaubare Produktpalette ermöglicht. Denn ob es nun unbedingt notwendig ist, beim Kauf von Spaghetti oder Erdbeermarmelade zwischen fünf verschiedenen Herstellern wählen zu können, sei dahingestellt.

Da sich das Konzept als recht erfolgreich erwiesen hat, kann ALDI wegen des großen Warenumsatzes auch mit meist sehr frischen Produkten aufwarten. Jeder Supermarkt wird täglich mit den Grundnahrungsmitteln wie Brot, Obst und Gemüse frisch beliefert. Ein weiterer Vorteil von ALDI ist, dass alle Filialen zumindest in den Bereichen Nord und Süd gleich aufgebaut sind, so dass Sie sich sofort zurechtfinden und nicht lange nach der Platzierung von bestimmten Produkten suchen müssen.

Einkaufen bei ALDI

Es wurde versucht, in den Rezepten nur Zutaten zu verwenden, die im ALDI-Angebot zu finden sind. Allerdings ist dabei zu bedenken, dass es gewisse regionale Unterschiede im Sortiment geben kann.

Um günstige Preise zu gewähren, richtet sich die Auswahl an frischem Obst und Gemüse natürlich etwas nach dem saisonalen Angebot, so dass Sie nicht immer alle Gemüse- oder Obstsorten vorrätig finden werden.

Andere Produkte sind nicht im festen Sortiment, werden aber regelmäßig in Sonderaktionen angeboten. Hier sind beispielsweise Balsamicoessig, Oliven, Sojasauce, Meerrettich im Glas u. Ä. zu nennen. Da es sich hierbei um Produkte handelt, die sich lange lagern lassen und die man deshalb immer vorrätig haben kann, stellt dies bei der Küchenplanung mit ALDI kein größeres Problem dar.

Diese Sonderaktionen berücksichtigen auch besondere Anlässe, wie beispielsweise Weihnachten. So finden Sie zu dieser Zeit verstärkt Produkte, die Sie zum Plätzchenbacken brauchen. Auch an Festessen wird gedacht, so dass in dieser Zeit z. B. Hirschgulasch zusätzlich angeboten wird.

Kochen mit der ALDI-Produktpalette

Eine gewisse Flexibilität und Fantasie müssen Sie also walten lassen, wenn es notwendig ist, manches Obst oder Gemüse durch ein anderes zu ersetzen. Sie können dann auch auf Konserven oder Tiefkühlprodukte zurückgreifen. Dadurch können Sie oft auch etwas Zeit bei der Zubereitung einsparen, wenn Ihnen ein Rezept zu aufwändig ist.

Bei einigen Rezepten benötigen Sie bestimmte Gewürze, die für den unverzichtbaren besonderen Charakter eines Gerichts von Bedeutung sind. Allerdings handelt es sich dabei nicht um gänzlich exotische Gewürze, sondern z. B. um Zimt oder geriebene Muskatnuss. Diese werden zwar nur selten im ALDI-Wochenprogramm angeboten; es handelt sich dabei aber ausschließlich um gängige Gewürze, die Sie normalerweise in Ihrem Haushalt vorrätig haben und für die Sie nicht extra ein Spezialgeschäft aufsuchen müssen.

> Alle Zutaten, die in diesem Buch angegeben sind, können Sie in einer der ALDI-Filialen erwerben. Sie müssen nicht mehrmals einkaufen gehen. Das spart Zeit und Nerven.

SCHÖNE BESCHERUNG

Hähnchen und Vanille? Ente mit Zitrone? Und das zu Weihnachten? Seien Sie

doch einmal abenteuerlustig – es lohnt sich!

Neue Kombinationen, die überzeugen

Weihnachten ist hierzulande wohl das traditionellste Fest überhaupt. Es weckt den Wunsch nach einem harmonischen, trauten Beisammensein und nach Geborgenheit. Der Duft von frisch gebackenen Plätzchen erfüllt die Wohnungen, der Klang der Weihnachtslieder, die Freude auf die Geschenke und das Zusammensein, dies alles macht Weihnachten so besonders.

Dazu gehört auch die Freude auf bestimmte Mahlzeiten, zu denen oft schon seit Generationen in langer Familientradition die besonderen Weihnachtsgerichte gekocht werden. Tradition ist etwas sehr Schönes und sollte auch gepflegt werden. Aber schließlich sind die Weihnachtsfeiertage lang genug, um auch einmal etwas Neues ausprobieren zu können.

Wandeln Sie doch einmal auf den Pfaden der »Jungen Wilden« Köche. Ihr Credo ist es, Traditionelles mit Neuem zu verbinden und zu erweitern. Das mag auf den ersten Blick gewagte Kombinationen ergeben, die aber spätestens beim Essen überzeugen. Probieren Sie es einfach aus!

GARNELENKÜCHLEIN MIT SAUERRAHMSAUCE

Zubereitungszeit:
ca. 35 Minuten
Ruhezeit:
ca. 30 Minuten

Zutaten für 4 Portionen

750 g Riesengarnelen • 1 rote Zwiebel • 2 Knoblauchzehen • 1 Bund Schnittlauch

50 g Haselnüsse • 150 g Semmelbrösel • 4 EL Mayonnaise • 1 EL mittelscharfer Senf

2 Eier • Salz, schwarzer Pfeffer • 200 g Schmand • 50 g Sahne • 1 EL Zitronensaft

Paprikapulver edelsüß • 2 EL Milch • 4 EL Pflanzenöl

Zubereitung

1 Die Garnelenschwänze am Rücken einschneiden, vom Darmfaden befreien, waschen, trockentupfen und hacken. Die Zwiebel und die Knoblauchzehen abziehen und fein würfeln. Den Schnittlauch waschen, trockentupfen und in Röllchen schneiden. Die Haselnüsse reiben.

2 Die so vorbereiteten Zutaten mit 50 Gramm Semmelbröseln, Mayonnaise, Senf und 1 Ei zu einem glatten Teig verarbeiten. Mit Salz und Pfeffer würzen. Die Garnelenmasse zu 12 Küchlein formen und 30 Minuten im Kühlschrank ruhen lassen.

3 Den Schmand mit Sahne und Zitronensaft verrühren und mit Paprikapulver, Salz und Pfeffer würzen.

4 Das restliche Ei mit der Milch verschlagen. Das Pflanzenöl erhitzen. Die Garnelenküchlein durch das Ei ziehen, mit den restlichen Semmelbröseln panieren und bei mittlerer Hitze 8 Minuten braten. Nach der Hälfte der Garzeit wenden.

5 Die Schmandsauce als Spiegel auf 4 Teller geben und jeweils 3 Garnelenküchlein darauf setzen.

2707 / 645 kJ / kcal
25 g Eiweiß
45 g Fett
35 g Kohlenhydrate
4 g Ballaststoffe

TEEFLAN MIT GRAND-MANIER-BANANEN

Zutaten für 4 Portionen

150 g Puderzucker • 5 EL Zucker • 3 Eier • 2 Eigelbe • Salz • 250 ml schwarzer Tee
250 g Sahne • 150 ml Orangensaft • 1 TL Zitronensaft • 4 EL Honig • 4 Bananen
50 ml Grand Manier • 100 g Schmand

Zubereitungszeit:
ca. 25 Minuten
Backzeit:
ca. 35 Minuten

Zubereitung

1 Den Puderzucker zu hellbraunem Karamell schmelzen und 4 Förmchen oder Tassen von 200 Milliliter Inhalt damit ausgießen.

2 Den Zucker mit Eiern, Eigelben und etwas Salz verschlagen, erst Tee, dann Sahne einrühren und in die Förmchen auf den Karamell gießen.

3 Den Backofen auf 180 °C (Gas Stufe 2 – 3, Umluft 160 °C) vorheizen und die Teeflans darin im Wasserbad 30 bis 35 Minuten garen.

4 10 Minuten vor Ende der Garzeit Orangen- und Zitronensaft mit dem Honig erwärmen. Die Bananen schälen, längs halbieren und im Orangensud glacieren. Den Grand Manier leicht erhitzen und die Bananen damit flambieren.

5 Die Flans aus dem Ofen nehmen, mit einem Messer vom Förmchenrand lösen und auf Dessertteller stürzen. Die Grand-Manier-Bananen anlegen und mit Schmand beträufeln.

3394 / 810 kJ / kcal
11 g Eiweiß
32 g Fett
111 g Kohlenhydrate
3 g Ballaststoffe

VANILLEHÄHNCHEN

Zubereitungszeit:
ca. 35 Minuten
Ruhezeit:
ca. 1 Stunde

1834 / 438 kJ / kcal
49 g Eiweiß
19 g Fett
9 g Kohlenhydrate
0 g Ballaststoffe

Zutaten für 4 Portionen

800 g Hähnchenbrust • 2 EL Pflanzenöl • 2 Päckchen Vanillezucker • 200 ml lieblicher Weißwein • 300 ml Gemüsebrühe • 200 g Schmand • Salz, schwarzer Pfeffer

Zubereitung

1 Die Hähnchenbrust mit dem Öl einreiben, mit 1 Päckchen Vanillezucker bestreuen, in Klarsichtfolie wickeln und 1 Stunde im Kühlschrank marinieren.

2 Weißwein und Gemüsebrühe aufkochen, das Hähnchenfleisch einlegen und zugedeckt bei schwacher Hitze 25 Minuten pochieren.

3 Die Hähnchenbrust aus dem Sud heben und warm halten. Den restlichen Vanillezucker und Schmand einrühren und erwärmen. Mit Salz und Pfeffer abschmecken.

4 Die Hähnchenbrust auf 4 Tellern anrichten und mit der Sauce übergießen.

HÄHNCHEN-SENFRAHM-SUPPE

Zubereitungszeit:
ca. 50 Minuten

1803 / 431 kJ / kcal
30 g Eiweiß
27 g Fett
7 g Kohlenhydrate
2 g Ballaststoffe

Zutaten für 4 Portionen

1/2 Zwiebel • 1 Möhre • 1/2 Stange Lauch • 2 EL Butterschmalz • 2 EL mittelscharfer Senf
250 ml Weißwein • 500 ml Geflügelbrühe aus Würfeln • 400 g Hähnchenbrust
250 g Sahne • 2 Portionen Instantgeflügelsauce (für 250 ml) • Weißweinessig
Salz, schwarzer Pfeffer • 1 Gewürzgurke

Zubereitung

1 Die Zwiebel abziehen und fein würfeln. Die Möhre schälen und raspeln. Den Lauch putzen, waschen, halbieren und in Ringe schneiden.

2 Das Butterschmalz in einem großen Topf erhitzen und das Gemüse darin bei mittlerer Hitze 2 Minuten andünsten.

3 Den Senf unterrühren und kurz mitbraten. Mit dem Weißwein ablöschen, aufkochen und mit der Geflügelbrühe aufgießen.

4 Die Hähnchenbrust warm abwaschen, trockentupfen und in die Brühe geben. Zugedeckt bei schwacher Hitze 30 Minuten ziehen lassen.

5 Die Hähnchenbrust aus der Suppe heben und warm halten. Die Suppe dann mit einem Schneidstab pürieren und durch ein Sieb streichen. Die Sahne in die Suppe geben und nochmals aufkochen. Die Geflügelsauce einrühren und die Suppe mit Essig, Salz und Pfeffer abschmecken.

6 Die Gurke in feine Streifen schneiden. Das Hähnchenfleisch klein würfeln, auf 4 tiefe Teller verteilen und mit der Suppe aufgießen. Die Gurkenstreifen in die Mitte setzen.

ZITRONENENTE MIT ANANAS

Zutaten für 4 Portionen

2 EL Pflanzenöl • 1 Zwiebel • 1 Packung Entenpfanne • Paprikapulver edelsüß

Salz, schwarzer Pfeffer • 100 ml Weißwein • 2 EL Zitronensaft • 2 EL Honig

2 Zitronen • 1 Dose Ananasstücke à 580 g • 250 Langkorn-Wildreis-Mischung

Zubereitungszeit:
ca. 1 Stunde
20 Minuten

Zubereitung

1 Den Backofen auf 220 °C (Gas Stufe 4 – 5, Umluft 190 °C) vorheizen. Einen Bräter mit dem Öl ausstreichen. Die Zwiebel abziehen, grob würfeln und im Bräter verteilen.

2 Die Ententeile auf die Zwiebel setzen, mit Paprikapulver, Salz und Pfeffer würzen und in den heißen Ofen schieben.

3 Nach 20 Minuten Garzeit den Weißwein und 250 Milliliter Wasser angießen. Zitronensaft und Honig verrühren und die Ententeile alle 15 Minuten damit bestreichen.

4 Die Zitronen so schälen, dass auch die weiße Haut entfernt ist, das Fruchtfleisch entkernen und würfeln. Mit den Ananas vermischen, nach 30 Minuten zur Ente geben und alles weitere 20 Minuten garen.

5 In der Zwischenzeit die Wildreismischung nach Packungsanweisung zubereiten.

6 Die Entenbrust herausnehmen und das Brustfleisch in Scheiben schneiden, die Keulen im Gelenk teilen. Reis und Ananas-Zitronen-Gemüse auf 4 Teller verteilen und das Fleisch darauf anrichten.

3717 / 887 kJ / kcal
53 g Eiweiß
32 g Fett
90 g Kohlenhydrate
3 g Ballaststoffe

Würstchenkuchen

Zutaten für 6 Portionen

1 Packung frischer Blätterteig • 2 Zwiebeln • 50 g gewürfelter Speck

100 g Sauerkraut aus der Dose • 100 g Rotkohl aus dem Glas • Salz, schwarzer Pfeffer

50 g Mehl • Paprikapulver edelsüß • 4 EL Pflanzenöl • 2 EL Butterschmalz

8 Nürnberger Bratwürste • 4 Wiener Würstchen • 1/2 Bund Petersilie • 150 ml Milch

1 EL mittelscharfer Senf • 2 TL Sahnemeerrettich aus dem Glas • 2 Eigelbe • 1 Ei

Zubereitung

3221 / 769 kJ / kcal

24 g Eiweiß

59 g Fett

36 g Kohlenhydrate

4 g Ballaststoffe

Ausgefallen und köstlich: der Würstchenkuchen.

1 Den Backofen auf 180 °C (Gas Stufe 2 – 3, Umluft 160 °C) vorheizen. Den Blätterteig ausrollen, passend zurechtschneiden und Boden und Rand einer runden Quicheform damit auslegen. Mehrmals mit einer Gabel einstechen, den Boden mit Backpapier und Trockenerbsen o. Ä. belegen und 10 Minuten im heißen Ofen backen.

2 Die Zwiebeln abziehen, 1/2 Zwiebel würfeln, die restlichen in Ringe schneiden.

3 Den Speck bei mittlerer Hitze auslassen, die Zwiebeln zugeben und glasig dünsten. Sauerkraut und Rotkohl hinzufügen und 5 Minuten kochen. Kräftig mit Salz und Pfeffer würzen und auf dem Blätterteig verteilen.

4 Das Mehl mit dem Paprikapulver vermischen und die Zwiebelringe darin wenden. Das Pflanzenöl erhitzen, die Zwiebelringe bei mittlerer Hitze in 4 Minuten goldbraun braten und auf Küchenpapier abtropfen lassen.

5 Das Butterschmalz erhitzen und die Bratwürste darin von allen Seiten kurz anbraten. Die Wiener halbieren und mit den Bratwürsten auf der Kraut-Rotkohl-Mischung verteilen. Die Zwiebelringe darüber legen.

6 Die Petersilie waschen, trockentupfen, die Blätter abzupfen und hacken. Die Milch mit Petersilie, Senf, Meerrettich, Eigelben und Ei verschlagen, mit Salz und Pfeffer würzen und über die Würstchen gießen. Im Ofen bei 180 °C (Gas Stufe 2 – 3, Umluft nicht empfehlenswert) 30 Minuten backen.

FELDSALATSUPPE

Zutaten für 4 Portionen

1/2 Zwiebel • 60 g Butter • 60 g Mehl • 1 l Gemüsebrühe aus Würfeln

200 g Sahne • 300 g Feldsalat • Salz, schwarzer Pfeffer • 100 g Schmand

1 EL Olivenöl • 2 EL gehobelte Mandeln

Zubereitungszeit: ca. 1 Stunde

Zubereitung

1 Die Zwiebel abziehen und fein würfeln. Die Butter zerlassen und die Zwiebelwürfel darin glasig dünsten. Das Mehl einrühren, kurz abbrennen, mit der Gemüsebrühe aufgießen und unter Rühren aufkochen. Bei schwacher Hitze 30 Minuten kochen, dabei häufig umrühren.

2 Die Sahne in die Suppe einrühren und weitere 10 Minuten kochen. Durch ein Sieb in einen anderen Topf gießen.

3 Den Feldsalat putzen, welke Blätter entfernen, die Wurzelenden abschneiden und gründlich waschen.

4 Den Salat grob hacken, in die Suppe geben, mit einem Schneidstab pürieren und nochmals kurz aufkochen. Mit Salz und Pfeffer abschmecken.

5 Die Suppe in 4 Suppentassen füllen, in die Mitte einen Klecks Schmand geben, mit Olivenöl beträufeln, mit den Mandeln bestreuen und sofort servieren.

1999 / 476 kJ / kcal
7 g Eiweiß
44 g Fett
16 g Kohlenhydrate
4 g Ballaststoffe

KARTOFFELSOUFFLÉ MIT WINTERGEMÜSE UND PETERSILIENPESTO

Zubereitungszeit:
ca. 1 Stunde

Zutaten für 4 Portionen

450 g Kartoffeln • Salz • 1/2 Zwiebel • 2 Bund Petersilie • 1 EL Butterschmalz

2 EL gewürfelter Speck • 1 Knoblauchzehe • 50 g gehobelte Mandeln

50 g geriebener Emmentaler • 50 ml Olivenöl • 1 TL Zitronensaft • schwarzer Pfeffer

4 Möhren • 2 Stangen Lauch • 80 ml Milch • 80 g Sahne • 8 EL Butter • 3 Eiweiße

1 TL Backpulver • 2 EL Semmelbrösel

Zubereitung

2755 / 658 kJ / kcal
16 g Eiweiß
55 g Fett
26 g Kohlenhydrate
8 g Ballaststoffe

1 Die Kartoffeln waschen, schälen, vierteln und in leicht gesalzenem Wasser in 20 bis 25 Minuten weich kochen.

2 In der Zwischenzeit die Zwiebel abziehen und fein würfeln. Die Petersilie waschen, trockentupfen, die Blätter abzupfen und hacken. Das Butterschmalz erhitzen und 1 Esslöffel gehackte Petersilie, Speck- und Zwiebelwürfel darin anbraten. Vom Herd nehmen und abkühlen lassen.

3 Die Knoblauchzehe abziehen und fein würfeln. Die restliche Petersilie mit Knoblauch, Mandeln, Emmentaler, Olivenöl und Zitronensaft pürieren. Mit Salz und Pfeffer würzen.

4 Die Möhren schälen und längs und quer halbieren. Den Lauch putzen, waschen und schräg in 5 Zentimeter lange Stücke schneiden. Die Möhren 10 Minuten, den Lauch 4 Minuten in Salzwasser blanchieren, abgießen, abschrecken und abtropfen lassen.

5 Die Kartoffeln abgießen, ausdampfen lassen und durch die Kartoffelpresse drücken. Die Milch mit Sahne und 2 Esslöffeln Butter 4 Minuten einkochen und langsam in die Kartoffeln einrühren. Mit Salz und Pfeffer würzen.

6 Das Eiweiß steif schlagen. Backpulver und Zwiebel-Speck-Masse zum Kartoffelpüree geben und den Eischnee unterheben.

7 Den Backofen auf 220 °C (Gas Stufe 4 – 5, Umluft 190 °C) vorheizen. 4 kleine Auflaufförmchen buttern, mit Semmelbröseln ausstreuen und die Kartoffelmasse hineinfüllen. Im heißen Ofen im Wasserbad 20 Minuten backen.

8 Die restliche Butter zerlassen, Möhren und Lauch erwärmen und mit Salz und Pfeffer würzen.

9 Die Kartoffelsoufflés aus den Förmchen heben und mit Gemüse und Petersilienpesto auf 4 Tellern anrichten.

Tipp
Wenn Sie ein vegetarisches Gericht bevorzugen, können Sie bei diesem Rezept den Bauchspeck auch einfach weglassen.

Geschmorte Lammsteaks mit Lebkuchensauce

Zutaten für 4 Portionen
1 Möhre • 1/2 Stange Lauch (weißer Teil) • 1 Zwiebel • 4 EL Pflanzenöl

800 g Lammsteaks • 200 ml Rotwein • 100 ml Orangensaft

400 ml Fleischbrühe aus Würfeln • 2 Lebkuchen • 20 g Zartbitterschokolade

1 EL Honig • Salz

Zubereitungszeit.
ca. 50 Minuten

Zubereitung

1 Die Möhre putzen und schälen. Den Lauch putzen und waschen. Die Zwiebel abziehen. Das Gemüse klein würfeln.

2 Das Öl in einem Topf erhitzen und die Lammsteaks darin bei starker Hitze auf jeder Seite 1 Minute anbraten. Das Fleisch aus dem Topf nehmen, die Temperatur auf mittlere Hitze reduzieren und die Gemüsewürfel darin unter Rühren 3 Minuten anbraten.

3 Die Gemüsewürfel mit dem Rotwein ablöschen, mit Orangensaft und Fleischbrühe aufgießen und aufkochen. Das Fleisch wieder in den Topf geben und zugedeckt bei schwacher Hitze 30 Minuten schmoren.

4 Die Lebkuchen würfeln. Die Schokolade hacken. Das Fleisch aus dem Topf nehmen und warm halten. Die Lebkuchenwürfel zum Gemüse geben und pürieren.

5 Die Sauce mit der Schokolade binden und durch ein Sieb streichen. Nochmals aufkochen und mit Honig und Salz abschmecken.

6 Die Lammsteaks auf 4 Tellern anrichten und mit der Sauce übergießen.

2835 / 677 kJ / kcal

40 g Eiweiß

45 g Fett

22 g Kohlenhydrate

3 g Ballaststoffe

ROTBARSCHFILET MIT KARTOFFELSCHUPPEN

Zubereitungszeit:
ca. 1 Stunde

Zutaten für 4 Portionen

400 g kleine Kartoffeln • Salz • 60 g Butter • 4 Rotbarschfilets à 180 – 200 g

2 EL Mehl • 2 Eigelbe • 1 Zwiebel • 250 ml Weißwein • 250 ml Gemüsebrühe aus Würfeln

2 EL Korn • 400 g Schmand • schwarzer Pfeffer • 2 Möhren • 2 Zucchini • 4 EL Olivenöl

Zubereitung

3582 / 855 kJ / kcal
49 g Eiweiß
57 g Fett
23 g Kohlenhydrate
4 g Ballaststoffe

1 Die Kartoffeln waschen, schälen und in hauchdünne Scheiben schneiden oder hobeln. Die Kartoffelscheiben 30 Sekunden in kochendem Salzwasser blanchieren, abgießen, abschrecken und abtropfen lassen.

2 Die Butter in einem kleinen Topf zerlassen, vom Herd nehmen, warten, bis sich die Molke am Topfboden abgesetzt hat, und die geklärte Butter vorsichtig abgießen. Mit den Kartoffelscheiben vermischen.

3 Die Rotbarschfilets mit Mehl bestäuben, mit Eigelb bestreichen und mit den Kartoffelscheiben schuppenartig belegen. Die Filets kalt stellen.

Fisch mit etwas anderen Schuppen: der Rotbarsch in seinem Kartoffelkleid.

4 Die Zwiebel abziehen und fein würfeln. Die Zwiebelwürfel mit Wein, Brühe und Korn aufkochen und die Flüssigkeit fast völlig einkochen lassen. Den Schmand unterrühren und mit Salz und Pfeffer würzen.

5 Die Möhren schälen, die Zucchini waschen, von Stiel- und Blütenansätzen befreien, beides in kleine Würfel schneiden und 2 Minuten in kochendem Salzwasser blanchieren. Die Gemüsewürfel abgießen, abschrecken, abtropfen lassen und in die Schmandsauce geben.

6 Das Olivenöl erhitzen und die Fischfilets auf der Kartoffelseite bei starker Hitze 2 Minuten anbraten. Die Temperatur auf mittlere Hitze reduzieren und weitere 6 Minuten braten. Den Rotbarsch vorsichtig wenden und bei schwacher Hitze 2 Minuten nachziehen lassen.

7 Die Sauce als Spiegel auf 4 Teller geben, die Rotbarschfilets mit der Schuppenseite nach oben darauf setzen und sofort servieren.

Kräuterbutterwaffeln mit Speck und Salat

Zutaten für 4 Portionen

125 g Kräuterbutter • 3 Eier • 250 g Mehl • 1/2 TL Backpulver • 250 g Joghurt

Salz, schwarzer Pfeffer • 1 Kopf Eisbergsalat • 150 g Bauchspeck • 40 g gehobelte

Mandeln • 4 EL Balsamicoessig • 1 rote Zwiebel • 3 EL Olivenöl • 1 TL Senf

Pflanzenöl für das Waffeleisen

Zubereitungszeit:
ca. 45 Minuten

Zubereitung

1 Die weiche Kräuterbutter mit den Quirlen des Handrührgeräts schaumig schlagen. Nach und nach die Eier zugeben. Das Mehl mit dem Backpulver mischen und abwechselnd mit dem Joghurt unter den Teig heben. Mit Salz und Pfeffer würzen.

2 Den Salat in Blätter zerteilen, waschen, trockenschleudern und klein zupfen.

3 Den Speck erst in dünne Scheiben, dann in 1 Zentimeter breite Streifen schneiden, mit den Mandeln ohne Fettzugabe anrösten und mit 1 Esslöffel Balsamicoessig ablöschen.

4 Die Zwiebel abziehen und fein würfeln. Den restlichen Essig mit Olivenöl und Senf verrühren, die Zwiebelwürfel, Speck und Mandeln zugeben und mit Salz und Pfeffer würzen.

5 Das Waffeleisen aufheizen, dünn mit Öl einpinseln, jeweils 3 bis 4 Esslöffel Teig darauf geben und die Waffeln nacheinander ausbacken. Gebackene Waffeln warm halten.

6 Den Salat auf 4 Teller verteilen, das Speckdressing darauf geben, die Kräuterbutterwaffeln in Ecken zerteilen und an den Salat legen.

4274 / 1021 kJ / kcal
18 g Eiweiß
83 g Fett
51 g Kohlenhydrate
6 g Ballaststoffe

GEBRATENE SERVIETTENKNÖDELSCHEIBEN MIT BRATWURSTSAUCE

Zubereitungszeit:
ca. 1 Stunde
15 Minuten

Zutaten für 4 Portionen

1 Zwiebel • 50 g Butter • 8 gemischte Vollkornbrötchen • 400 ml Milch • 5 Eier

1/2 Bund Petersilie • Salz, schwarzer Pfeffer • 4 EL Pflanzenöl • 200 g Champignons

4 Rostbratwürste • 250 ml gekörnte Brühe • 250 ml Bier

1 Portion Instantbratensauce (für 250 ml) • 1 TL mittelscharfer Senf

1 TL Rotweinessig • 4 EL Butterschmalz

Zubereitung

3679 / 877 kJ / kcal
30 g Eiweiß
55 g Fett
63 g Kohlenhydrate
10 g Ballaststoffe

1 Die Zwiebel abziehen und fein würfeln. Die Butter zerlassen und die Hälfte der Zwiebelwürfel darin glasig dünsten.

2 Die Brötchen in Würfel schneiden. Die Milch mit den Eiern verschlagen. Brotwürfel, Eiermilch und die gebratenen Zwiebelwürfel vermischen. Die Petersilie waschen, trockentupfen, die Blätter abzupfen und fein hacken. Die Knödelmasse mit Petersilie, Salz und Pfeffer würzen.

3 Ein Küchentuch mit 2 Esslöffeln Öl einstreichen, die Knödelmasse darauf geben, zu einer 8 Zentimeter dicken Rolle formen und in das Küchentuch einrollen. Die Enden mit Küchengarn verschnüren. Den Serviettenknödel in leicht gesalzenem Wasser zugedeckt bei schwacher Hitze 40 Minuten ziehen lassen. Nach der Hälfte der Garzeit wenden.

4 Die Champignons putzen, vom Stielende befreien und fein hacken. Die Bratwürste aufschlitzen, die Fülle aus dem Darm drücken und ebenfalls hacken.

5 Das restliche Öl erhitzen und verbliebene Zwiebelwürfel, Champignons und die Bratwurstfülle darin bei mittlerer Hitze unter Rühren 6 Minuten braten. Mit Brühe und Bier aufgießen und zugedeckt bei schwacher Hitze 10 Minuten garen.

6 Die Instantbratensauce einrühren und die Bratwurstsauce mit Senf, Rotweinessig, Salz und Pfeffer pikant abschmecken.

7 Den Serviettenknödel aus dem Wasser heben, auswickeln und leicht abkühlen lassen. In Scheiben oder in große Würfel schneiden.

8 Das Butterschmalz erhitzen und die Knödelscheiben darin bei mittlerer Hitze in 6 Minuten knusprig braun braten. Nach der Hälfte der Garzeit wenden.

9 Den Serviettenknödel neben der Bratwurstsauce auf den Teller geben.

ROTKOHLKNÖDEL MIT APFEL-SPECK-SAUCE

Zutaten für 4 Portionen

1 Zwiebel • 2 EL Butterschmalz • 800 g Rotkohl aus dem Glas • 50 g Apfelmus

1 EL Honig • Salz, schwarzer Pfeffer • 2 EL Speisestärke • 100 g gewürfelter Speck

100 ml Weißwein • 250 ml Apfelsaft • 250 ml Fleischbrühe aus Würfeln • 1 Apfel

2 Eier • 80 g Mehl • 150 g Semmelbrösel • Öl zum Frittieren

Zubereitungszeit:
ca. 50 Minuten
Kühlzeit:
ca. 2 Stunden

Zubereitung

1 Die Zwiebel abziehen und fein würfeln. Das Butterschmalz in einem Topf erhitzen und die Hälfte der Zwiebelwürfel darin glasig dünsten. Rotkohl, Apfelmus und Honig zugeben und 10 Minuten bei mittlerer Hitze kochen.

2 Den Rotkohl mit Salz und Pfeffer abschmecken. Die Speisestärke mit kaltem Wasser anrühren, den Rotkohl damit binden und abkühlen lassen.

3 Aus dem Rotkohl mit einem Eisportionierer 12 gleich große Knödel formen und im Tiefkühlfach 1 bis 2 Stunden anfrieren lassen, bis die äußere Schicht der Knödel gefroren ist.

4 Den Speck bei mittlerer Hitze auslassen, die restlichen Zwiebelwürfel zugeben und anbraten. Mit dem Weißwein ablöschen und die Flüssigkeit einkochen. Mit Apfelsaft und Brühe aufgießen und bei schwacher Hitze auf die Hälfte einkochen lassen.

5 Den Apfel schälen, vierteln, vom Kerngehäuse befreien, in kleine Würfel schneiden und in die Sauce geben. 5 Minuten mitkochen. Mit Salz und Pfeffer würzen.

6 Die Eier verschlagen. Die Rotkohlknödel im Mehl wenden, durch das Ei ziehen und mit Semmelbröseln panieren.

7 Das Öl auf 180 °C erhitzen und die Rotkohlknödel darin 5 Minuten frittieren. Herausheben und auf Küchenpapier abtropfen lassen.

8 Die Sauce als Spiegel auf 4 Teller geben und jeweils 3 Knödel darauf setzen.

2777 / 663 kJ / kcal
14 g Eiweiß
35 g Fett
67 g Kohlenhydrate
9 g Ballaststoffe

Zitronencremesuppe

Zubereitungszeit:
ca. 35 Minuten

Zutaten für 4 Portionen

1 Stange Lauch • 1 kleine Zwiebel • 300 g geräucherte Putenbrust • 200 g Erbsen aus
der Dose • 3 EL Butter • 2 EL Mehl • 800 ml Gemüsebrühe aus Würfeln • 3 Zitronen
2 Eigelbe • 100 g Sahne • 2 TL Zucker • Salz, Pfeffer • 1 Bund Schnittlauch

Zubereitung

1567 / 374 kJ / kcal
26 g Eiweiß
21 g Fett
18 g Kohlenhydrate
5 g Ballaststoffe

1 Den Lauch putzen, waschen und in Ringe schneiden. Die Zwiebel abziehen und fein würfeln. Die Putenbrust in Würfel schneiden. Die Erbsen abtropfen lassen.

2 Die Butter in einem Topf erhitzen und Lauch und Zwiebelwürfel darin bei schwacher Hitze andünsten. Das Mehl darüber stäuben, kurz anschwitzen und mit der Brühe aufgießen. 5 Minuten kochen und dabei ab und zu umrühren.

3 Putenbrustwürfel und Erbsen zugeben und in der Suppe warm werden lassen.

4 Die Zitronen auspressen, den Saft mit Eigelben und Sahne verrühren, in die Suppe geben und erhitzen, aber nicht mehr kochen lassen. Mit Zucker, Salz und Pfeffer würzen.

5 Den Schnittlauch waschen, in Röllchen schneiden und über die Suppe streuen.

Brokkolisalat mit gebratener Hähnchenbrust

Zubereitungszeit:
ca. 40 Minuten
Marinierzeit:
ca. 1 Stunde

Zutaten für 4 Portionen

100 g passierte Tomaten • 4 EL Balsamicoessig • 6 EL Olivenöl • 4 EL Orangensaft
2 Knoblauchzehen • Zucker • Salz, Pfeffer • 2 Brokkoli • 2 EL Pflanzenöl
400 g Hähnchenbrust • 1 Kopf Blattsalat • 1 Apfel • 50 ml Weißwein • 1 EL Honig
1 EL Weinessig

Zubereitung

1 Die passierten Tomaten mit Balsamicoessig, Olivenöl und Orangensaft verrühren. Die Knoblauchzehen abziehen, durch die Presse drücken und mit der Sauce verrühren. Mit Zucker, Salz und Pfeffer würzen.

2 Den Brokkoli waschen, in kleine Röschen zerteilen und in kochendem Salzwasser 4 Minuten blanchieren. Eiskalt abschrecken, abtropfen lassen und mit 2/3 des Dressings vermischen. 1 Stunde bei Zimmertemperatur marinieren.

3 Das Pflanzenöl erhitzen und die Hähnchenbrust darin 10 bis 12 Minuten bei mittlerer Hitze braten. Nach der Hälfte der Garzeit wenden. Mit Salz und Pfeffer würzen.

4 In der Zwischenzeit den Blattsalat in Blätter zerteilen, waschen und trockenschleudern. 4 Teller mit den Salatblättern auslegen, mit dem restlichen Dressing beträufeln und die Brokkoliröschen darauf verteilen.

5 Den Apfel schälen, vierteln, vom Kerngehäuse befreien und in dünne Scheiben schneiden.

6 Das Hähnchenfleisch aus der Pfanne nehmen und die Apfelscheiben darin 2 Minuten andünsten. Mit dem Weißwein ablöschen und mit Honig und Weinessig würzen.

7 Die Hähnchenbrust in Scheiben schneiden, auf den Brokkoliröschen verteilen und die Apfelstücke darüber geben.

1708 / 408 kJ / kcal
28 g Eiweiß
25 g Fett
14 g Kohlenhydrate
4 g Ballaststoffe

HÄHNCHENBRUSTGESCHNETZELTES MIT BIRNEN UND SPARGEL

Zutaten für 4 Portionen

600 g Hähnchenbrust • 2 Birnen • 1 Glas weißer Spargel à 370 g • 1/2 Zwiebel

2 EL Butterschmalz • 2 EL Weißwein • 200 g Sahne • Salz, Pfeffer

Zubereitungszeit:
ca. 20 Minuten

Zubereitung

1 Die Hähnchenbrust in Streifen schneiden. Die Birnen schälen, vierteln, vom Kerngehäuse befreien und in Scheiben schneiden. Den Spargel abtropfen lassen und in 3 Zentimeter lange Stücke schneiden. Die Zwiebel abziehen und fein würfeln.

2 Das Butterschmalz erhitzen und die Hähnchenbruststreifen darin unter Rühren bei mittlerer Hitze 3 Minuten anbraten. Dann die Zwiebelwürfel zugeben und 1 Minute mitbraten.

3 Birnenscheiben und Spargelstücke zum Fleisch geben und 2 Minuten mitdünsten. Mit dem Weißwein ablöschen und mit der Sahne aufgießen. Die Flüssigkeit einkochen lassen, bis die Sauce sämig wird, und mit Salz und Pfeffer würzen.

1626 / 388 kJ / kcal
39 g Eiweiß
21 g Fett
10 g Kohlenhydrate
3 g Ballaststoffe

CHAMPAGNERSUPPE

Zubereitungszeit:
ca. 40 Minuten

Zutaten für 4 Portionen

400 g frischer weißer Spargel oder 1 Glas • 4 kleine mehlige Kartoffeln • 1 kleine Zwiebel
2 EL Butter • 400 ml Champagner • 600 ml Gemüsebrühe aus Würfeln • 100 g Sahne
Salz, Pfeffer

Zubereitung

1118 / 266 kJ / kcal
4 g Eiweiß
14 g Fett
15 g Kohlenhydrate
3 g Ballaststoffe

1 Den frischen Spargel schälen und in kleine Stücke schneiden. Den Dosenspargel abtropfen lassen und klein schneiden. Die Kartoffeln schälen und würfeln.

2 Die Zwiebel abziehen und fein würfeln. Die Butter in einem Topf erhitzen und die Zwiebelwürfel darin kurz andünsten.

3 Spargel und Kartoffeln dazugeben und umrühren. Mit 300 Milliliter Champagner ablöschen und etwas einkochen. Mit der Gemüsebrühe aufgießen und zugedeckt bei schwacher Hitze kochen, bis das Gemüse weich ist.

4 Die Suppe mit einem Mixstab pürieren, nochmals aufkochen. Die Sahne und den restlichen Champagner einrühren, erhitzen und mit Salz und Pfeffer würzen.

BANDNUDELN MIT HÄHNCHENBRUSTSTREIFEN UND BROKKOLI

Zubereitungszeit:
ca. 30 Minuten

Zutaten für 4 Portionen

1 Brokkoli • 1 kleine Zwiebel • 1/2 Bund Petersilie • 500 g Hähnchenbrust • 2 EL Olivenöl
100 ml Weißwein • 200 ml Gemüsebrühe aus Würfeln • 2 EL Zitronensaft • Salz, Pfeffer
500 g Bandnudeln • 2 EL kalte Butter • 100 g geriebener Parmesan

Zubereitung

1 Den Brokkoli waschen, in kleine Röschen zerteilen und 5 Minuten in kochendem Wasser blanchieren. Abgießen und mit kaltem Wasser abschrecken.

2 Die Zwiebel abziehen und würfeln. Die Petersilie waschen, trockentupfen, die Blättchen abzupfen und hacken.

3 Die Hähnchenbrust in dünne Streifen schneiden. Das Öl in einer großen Pfanne erhitzen und das Fleisch bei starker Hitze anbraten. Die Zwiebelwürfel zugeben und mitbraten, bis sie glasig sind.

4 Das Fleisch mit Weißwein und Brühe ablöschen. Die Brokkoliröschen hinzufügen und erhitzen. Kurz aufkochen und mit Zitronensaft, Salz und Pfeffer würzen.

5 In der Zwischenzeit die Bandnudeln nach Packungsangabe in Salzwasser kochen.

6 Die kalte Butter flöckchenweise in die Sauce einrühren, um sie etwas anzudicken.

7 Die Nudeln auf 4 Teller verteilen. Die Sauce auf die Pasta geben und mit Parmesan bestreut servieren.

3390 / 810 kJ / kcal
55 g Eiweiß
23 g Fett
89 g Kohlenhydrate
8 g Ballaststoffe

ENTENBRUST MIT ORANGENROTKOHL

Zutaten für 4 Portionen

2 Orangen • 1 Glas Rotkohl à 680 g • 150 ml Orangensaft • 100 g Aprikosenmarmelade

4 Entenbrüste • Salz, Pfeffer • 2 EL Pflanzenöl

Zubereitungszeit:
ca. 35 Minuten

Zubereitung

1 Die Orangen schälen und die Filets mit einem kleinen, scharfen Messer aus den Trennwänden schneiden. Den Saft dabei auffangen.

2 Den Rotkohl mit Orangensaft und Aprikosenmarmelade erhitzen und 15 Minuten bei schwacher Hitze kochen.

3 In der Zwischenzeit den Backofen auf 200 °C (Gas 3 – 4, Umluft 180 °C)) vorheizen. Die Entenbrüste auf der Fettseite schräg einschneiden und rundum salzen und pfeffern.

4 Das Öl bei starker Hitze in einer Gusspfanne heiß werden lassen und die Entenbrüste auf der Unterseite anbraten. Wenden, in den heißen Ofen schieben und in 16 Minuten innen rosa braten. Nach 10 Minuten nochmals umdrehen, so dass die Fettseite wieder oben ist.

5 Die Entenbrüste aus der Pfanne nehmen und 3 bis 4 Minuten ruhen lassen.

6 Die Orangenfilets in 1 Zentimeter große Stücke schneiden und unter den Rotkohl heben. Mit Salz und Pfeffer abschmecken.

7 Den Rotkohl auf 4 Teller geben, die Entenbrüste in Scheiben schneiden und servieren.

2235 / 533 kJ / kcal
30 g Eiweiß
32 g Fett
30 g Kohlenhydrate
6 g Ballaststoffe

WEIHNACHTSBRUNCH

Ideal für die Feiertage: einmal kochen und den ganzen Tag lang essen. Laden

Sie Ihre Gäste doch einmal zu einem ausgefallenen Brunch ein.

Mehr als nur ein Frühstück

Es muss nicht immer die nachmittägliche Kaffeetafel oder das große Menü sein, um Weihnachten mit Familie, Verwandten und Freunden zu feiern. Versuchen Sie einmal etwas Neues, und laden Sie zum Weihnachtsbrunch ein.

Diese Kombination von Frühstück und Mittagessen ist eine gute Idee für jeden der Feiertage. Neben einer Auswahl an Gerichten aus diesem Kapitel, das für jeden Geschmack etwas bietet, sollten Sie verschiedene Käsesorten, Schinken, Salami, geräucherten Lachs, Butter, mehrere Marmeladen, Honig, frisches Obst und verschiedene Brötchen und Brotsorten anbieten, wovon Sie eine große Auswahl im ALDI-Sortiment finden werden. An Getränken können Sie Ihre Gäste mit Orangensaft, Tomatensaft, Milch, Kaffee, Tee, Schokolade oder auch Prosecco und Champagner versorgen.

KOPENHAGENER MIT CHAMPIGNONFÜLLUNG

Zubereitungszeit:
ca. 30 Minuten
Backzeit:
ca. 18 Minuten

Zutaten für 4 Portionen

200 g Champignons • 1/2 Zwiebel • 2 EL Pflanzenöl • 3 Eigelbe • 2 EL Schmand

1/2 Bund Petersilie • Salz, schwarzer Pfeffer • 1 Packung Blätterteig

2 EL Milch

Zubereitung

2441 / 583 kJ / kcal
15 g Eiweiß
40 g Fett
42 g Kohlenhydrate
4 g Ballaststoffe

1 Die Champignons putzen, vom Stielende befreien und blättrig schneiden. Die Zwiebel abziehen und fein würfeln.

2 Das Pflanzenöl erhitzen und die Champignons darin bei mittlerer Hitze unter Rühren 3 Minuten braten. Die Zwiebelwürfel dazugeben und 2 Minuten mitbraten. Etwas abkühlen lassen.

3 2 Eigelbe mit dem Schmand verrühren und unter die Champignons mischen. Die Petersilie waschen, trockentupfen, die Blätter abzupfen und hacken. Die Champignonmasse mit Petersilie, Salz und Pfeffer würzen.

4 Den Blätterteig ausrollen und in Quadrate von 12 Zentimeter Seitenlänge teilen. Das restliche Eigelb mit der Milch verschlagen und die Quadrate damit bestreichen.

5 Die Champignonfüllung in die Mitte der Blätterteigquadrate setzen. Die Ecken diagonal 3 Zentimeter weit einschneiden und die Spitzen in die Mitte klappen, so dass Windmühlenflügel entstehen.

6 Den Backofen auf 200 °C (Gas Stufe 3 – 4, Umluft 180 °C) vorheizen. Ein Backblech mit Backpapier auslegen, die Kopenhagener darauf setzen und im heißen Ofen 15 bis 18 Minuten backen.

LACHSSALAT MIT APFELMAYONNAISE

Zutaten für 4 Portionen

1 Zitrone • 500 ml Gemüsebrühe aus Würfeln • 100 ml Weißwein

2 TL mittelscharfer Senf • 400 g Lachsfilet • 1 Gurke • Salz • 4 EL Mayonnaise

2 EL Apfelsaft • schwarzer Pfeffer • 1/2 Apfel • 50 g Räucherlachs

Zubereitungszeit:
ca. 30 Minuten

Zubereitung

1 Die Zitrone vierteln. Die Gemüsebrühe mit Weißwein und 1 Teelöffel Senf verrühren. Die Zitronenviertel zugeben und aufkochen.

2 Das Lachsfilet in den kochenden Sud legen, zudecken, vom Herd nehmen und 15 Minuten ziehen lassen, bis der Fisch noch lauwarm ist.

3 In der Zwischenzeit die Gurke schälen, halbieren, die Kerne mit einem Löffel herauskratzen und das Fruchtfleisch würfeln. Die Gurkenwürfel salzen und auf einem Sieb abtropfen lassen.

4 Die Mayonnaise mit Apfelsaft verrühren und mit dem restlichen Senf, Salz und Pfeffer würzen. Den Apfel schälen, putzen, reiben und unter die Mayonnaise heben.

5 Den Fisch aus dem Sud nehmen, auf Küchenpapier abtropfen lassen und in Scheiben schneiden. Den Räucherlachs in Streifen schneiden.

6 Die Gurkenwürfel auf einer Platte verteilen, die Lachsscheiben in die Mitte setzen, mit der Apfelmayonnaise überziehen und den Räucherlachsstreifen bestreuen.

1156 / 276 kJ / kcal
22 g Eiweiß
16 g Fett
6 g Kohlenhydrate
1 g Ballaststoffe

GEFÜLLTE HÄHNCHENBRUST

Zubereitungszeit:
ca. 35 Minuten

Zutaten für 4 Portionen

2 Tomaten • 100 g Camembert • 50 g roher Bauernschinken • 2 EL Butter

50 g Semmelbrösel • 4 Hähnchenbrüste • Salz, schwarzer Pfeffer • 2 EL Pflanzenöl

Zubereitung

1476 / 353 kJ / kcal
38 g Eiweiß
18 g Fett
10 g Kohlenhydrate
1 g Ballaststoffe

1 Die Tomaten an der Unterseite kreuzweise einschneiden, in kochendem Wasser kurz überbrühen, abschrecken und häuten. Das Fruchtfleisch vierteln, entkernen und in kleine Würfel schneiden.

2 Den Camembert würfeln und den Schinken in feine Streifen schneiden. Tomaten, Camembert, Schinken, Butter und Semmelbrösel zu einer homogenen Masse vermischen.

3 In die Hähnchenbrüste von der dicken Seite her Taschen schneiden und mit der Masse ausstreichen. Die Öffnung zustecken und das Fleisch mit Salz und Pfeffer würzen.

4 Das Pflanzenöl erhitzen und die Hähnchenbrüste darin bei mittlerer Hitze auf beiden Seiten jeweils 6 Minuten braten.

5 Aus der Pfanne nehmen, in Scheiben schneiden und warm oder kalt servieren.

LACHSRILLETTESBROTE

Zubereitungszeit:
ca. 40 Minuten

Zutaten für 6 bis 8 Portionen

400 g Lachsfilet • Saft von 1 Orange • 250 ml Weißwein • Salz • 50 g Krabben im Aufguss

1 EL Orangeat • 175 g Butter • 2 EL Cognac • 1/2 Bund Schnittlauch • schwarzer Pfeffer

10 – 12 Scheiben Finnenbrot

Zubereitung

1 Das Lachsfilet auf eventuell zurückgebliebene Gräten untersuchen und graue Stellen entfernen. Orangensaft, Weißwein und etwas Salz aufkochen, dann das Lachsfilet zugeben und 15 Minuten knapp unter dem Siedepunkt pochieren. Den Fisch herausheben und vollständig abkühlen lassen.

2 1 Esslöffel Butter erhitzen, Krabben und Orangeat darin bei mittlerer Hitze 3 Minuten unter Rühren braten, auf Küchenpapier abtropfen lassen und fein hacken.

3 Die restliche Butter mit Cognac, gehackten Krabben und Orangeat mit den Quirlen des Handrührgeräts schaumig schlagen.

4 Den Schnittlauch waschen, trockentupfen und in Röllchen schneiden. Das Lachsfilet mit zwei Gabeln fein zerzupfen.

5 Schnittlauch und Lachs zu der Buttermischung geben und gründlich vermischen. Mit Salz und Pfeffer kräftig abschmecken. Dann in den Kühlschrank stellen und in 2 Stunden fest werden lassen.

6 Die Brotscheiben mit dem Lachsrillettes bestreichen und diagonal halbieren.

1810 / 432 kJ / kcal
16 g Eiweiß
25 g Fett
27 g Kohlenhydrate
6 g Ballaststoffe

SCHINKEN-SPECK-PFANNKUCHEN

Zutaten für 4 Portionen

100 g Mehl • Salz • 150 ml Milch • 3 EL Öl • 2 Eier • 2 Scheiben gekochter Delikatessschinken • 150 g geriebener Emmentaler • 1 EL Butter • 50 g gewürfelter Bauchspeck

Zubereitungszeit:
ca. 35 Minuten

Zubereitung

1 Für den Pfannkuchenteig Mehl und Salz in eine Schüssel sieben. Milch und 1 Teelöffel Öl einarbeiten und die Eier nach und nach unterschlagen.

2 Etwas Öl in einer Pfanne erhitzen. Eine Schöpfkelle Teig in die Pfanne geben und verlaufen lassen, so dass der Boden gleichmäßig dünn bedeckt ist. 2 bis 3 Minuten braten, bis der Teig stockt, und mit Hilfe einer Palette wenden. Auf der anderen Seite weitere 1 bis 2 Minuten braten. Aus der Pfanne nehmen und warm halten, bis die restlichen 3 Pfannkuchen zubereitet sind. Die Pfanne wieder jedesmal mit etwas Öl ausstreichen, bevor der Teig hineingegeben wird.

3 Den Backofen auf 180 °C (Gas Stufe 2 – 3, Umluft 160 °C) vorheizen. Die Schinkenscheiben halbieren. Die Pfannkuchen auslegen und mit Schinken und 100 Gramm Emmentaler belegen. Zu Dreiecken zusammenfalten und in eine gebutterte Auflaufform legen. Mit Speck und dem restlichen Käse bestreuen und 10 Minuten im heißen Ofen überbacken.

2172 / 519 kJ / kcal
23 g Eiweiß
19 g Fett
20 g Kohlenhydrate
1 g Ballaststoffe

ZWIEBEL-ANANAS-SALAT

Zubereitungszeit:
ca. 20 Minuten

Marinierzeit:
ca. 2 Stunden

Zutaten für 4 Portionen

2 Zwiebeln • 1 Dose Ananasstücke à 580 g • 2 EL Mayonnaise • 100 g Joghurt

1 EL Tomatenketchup • 1 EL Zitronensaft • Paprikapulver edelsüß • Salz, schwarzer Pfeffer

1/2 Bund Schnittlauch

Zubereitung

791 / 189 kJ / kcal
2 g Eiweiß
4 g Fett
34 g Kohlenhydrate
3 g Ballaststoffe

1 Die Zwiebeln abziehen und in feine Ringe schneiden. 500 Milliliter Wasser aufkochen, über die Zwiebeln gießen und 5 Minuten ziehen lassen. Die Zwiebeln abgießen und abtropfen lassen.

2 Die Ananas abtropfen lassen. Den Saft dabei auffangen.

3 Mayonnaise, Joghurt, Tomatenketchup, Zitronensaft und 3 Esslöffel Ananassaft verrühren und mit Paprikapulver, Salz und Pfeffer würzen.

4 Zwiebeln und Ananas in die Sauce geben, umrühren und 2 Stunden im Kühlschrank durchziehen lassen.

5 Vor dem Servieren den Salat nochmals durchrühren, den Schnittlauch in Röllchen schneiden und darüber streuen.

KARTOFFELCRÊPES MIT ENTE

Zubereitungszeit:
ca. 1 Stunde

Zutaten für 4 Portionen

100 g Mehl • 1/2 TL Backpulver • 250 ml Milch • 2 Eier • 2 EL Olivenöl

Paprikapulver edelsüß • Salz, schwarzer Pfeffer • 1 Entenbrust • 6 EL Pflanzenöl

1 Kartoffel • 2 EL Orangensaft • 1 EL Zitronensaft • 1 EL Traubensaft • 1 TL Zucker

Zubereitung

1 Mehl, Backpulver und Milch zu einem klumpenfreien Teig verarbeiten. Die Eier und 1 Esslöffel Olivenöl zugeben und verschlagen. Mit Paprikapulver, Salz und Pfeffer würzen. 30 Minuten an einem kühlen Ort quellen lassen.

2 Den Backofen auf 200 °C (Gas 3 – 4, Umluft 180 °C) vorheizen. Die Entenbrust auf der Fettseite mehrmals schräg einschneiden und rundum salzen und pfeffern.

3 2 Esslöffel Pflanzenöl bei starker Hitze in einer Gusspfanne heiß werden lassen und die Entenbrust auf der Unterseite anbraten. Wenden, in den heißen Ofen schieben und in 16 Minuten innen rosa braten. Nach 10 Minuten nochmals umdrehen, so dass die Fettseite wieder oben ist. Die Entenbrust aus der Pfanne nehmen und abkühlen lassen.

4 Die Kartoffel schälen, fein reiben, mit einem Küchentuch auspressen und unter den Crêpesteig heben.

5 Öl in einer beschichteten Pfanne erhitzen, etwas Teig in der Pfanne zu Crêpes von 15 Zentimeter Durchmesser verstreichen und 2 Minuten bei mittlerer Hitze backen. Den Crêpe mit einer Palette wenden und nochmals 1 Minute garen. Auf diese Weise den gesamten Teig aufbrauchen.

6 Die restlichen Zutaten mit dem verbliebenem Olivenöl zu einem Dressing verrühren.

7 Die Entenbrust in Scheiben schneiden. Jeden Crêpe mit Entenbrust belegen, mit dem Dressing beträufeln und 2-mal falten, so dass die Crêpes geviertelt sind und die Füllung umschließen.

8 Vor dem Servieren im Backofen bei 80 °C auf Zimmertemperatur erwärmen.

2199 / 525 kJ / kcal
18 g Eiweiß
38 g Fett
27 g Kohlenhydrate
1 g Ballaststoffe

Crêpes einmal anders: raffiniert mit Kartoffeln und Ente.

SCOTCH WOODCOCK

Zubereitungszeit:
ca. 20 Minuten

Zutaten für 4 Portionen

1/2 Bund Petersilie • 2 Eier • 4 Eigelbe • 150 g Sahne • Paprikapulver edelsüß

Salz, schwarzer Pfeffer • 50 g Ölsardinen • 4 EL Butter • 1 EL Mayonnaise

2 EL Butterschmalz • 4 Scheiben Brot

Zubereitung

1953 / 466 kJ / kcal
12 g Eiweiß
38 g Fett
20 g Kohlenhydrate
2 g Ballaststoffe

1 Die Petersilie waschen, trockentupfen, die Blätter abzupfen und hacken.

2 Eier, Eigelbe, Sahne und die Hälfte der Petersilie verschlagen und mit Paprikapulver, Salz und Pfeffer würzen.

3 Die Ölsardinen mit Küchenpapier trockentupfen, hacken und mit Butter und Mayonnaise vermischen.

4 Das Butterschmalz erhitzen und die Eimasse bei schwacher Hitze unter Rühren braten, bis das Ei zu stocken beginnt.

5 Die Brotscheiben leicht anrösten, mit der Sardinencreme bestreichen, mit der Eimasse belegen und mit der restlichen Petersilie bestreuen.

STEAKROASTBEEF MIT RÖSTI

Zubereitungszeit:
ca. 30 Minuten

Zutaten für 4 Portionen

400 g Rinderhüftsteaks • Salz, schwarzer Pfeffer • 2 EL Olivenöl • 4 Kartoffeln

4 EL Pflanzenöl • 1 Essiggurke • 4 EL Remouladensauce

Zubereitung

1700 / 406 kJ / kcal
25 g Eiweiß
28 g Fett
13 g Kohlenhydrate
2 g Ballaststoffe

1 Die Steaks mit Salz und Pfeffer würzen. Das Olivenöl erhitzen und die Steaks darin bei mittlerer Hitze 4 Minuten braten. Nach der Hälfte der Garzeit wenden. Das Fleisch sollte innen noch rosa sein. Die Steaks vom Herd nehmen und abkühlen lassen.

2 Die Kartoffeln waschen, schälen und raspeln. Die Kartoffelmasse mit der Hand ausdrücken und mit Salz und Pfeffer würzen.

3 Das Pflanzenöl in einer großen Pfanne erhitzen. Die Kartoffelmasse in 4 Portionen hineinsetzen und platt drücken. Die Kartoffelraspeln dabei fest zusammendrücken. Bei mittlerer Hitze 4 bis 5 Minuten braten, bis die Unterseite der Rösti goldgelb und knusprig ist. Wenden und nochmals 5 Minuten braten.

4 Die Essiggurke in Scheiben schneiden. Die abgekühlten Steaks ebenfalls in dünne Scheiben schneiden. Die Rösti auf 4 Teller verteilen, das Steakroastbeef anlegen und mit Remoulade und Essiggurkenscheiben garnieren.

Tipp
Wenn Sie keine große Pfanne haben, können Sie die Rösti auch portionsweise in einer kleinen Pfanne zubereiten.

POCHIERTE EIER AUF RAHMSPINAT

Zutaten für 4 Portionen

Zubereitungszeit: ca. 35 Minuten

1 EL Butter • 1 EL Mehl • 300 ml Milch • Salz, schwarzer Pfeffer • 1 Eigelb

50 g geriebener Emmentaler • 2 EL Weinessig • 4 Eier • 1 Packung Rahmspinat à 300 g

Zubereitung

1 Die Butter zerlassen, das Mehl einrühren, mit der Milch aufgießen und unter Rühren aufkochen. Bei schwacher Hitze 15 Minuten kochen, bis eine dickflüssige, klumpenfreie Sauce entsteht. Mehrmals umrühren, damit die Sauce nicht anbrennt. Anschließend mit Salz und Pfeffer würzen.

2 Das Eigelb in die heiße Sauce einrühren und den Käse unterheben.

3 Reichlich Wasser mit Salz und Essig zum Kochen bringen. Die Eier einzeln in eine Tasse aufschlagen, ohne dabei das Eigelb zu verletzen, ins kochende Wasser gleiten lassen und 4 Minuten darin pochieren. Mit einem Schaumlöffel aus dem Sud heben und auf Küchenpapier abtropfen lassen.

4 Den Spinat erwärmen und auf 4 flache Förmchen verteilen. Jeweils 1 pochiertes Ei in die Mitte setzen und mit der Sauce überziehen.

5 Das Ganze 5 Minuten im Grill überbacken.

1023 / 244 kJ / kcal
17 g Eiweiß
17 g Fett
6 g Kohlenhydrate
2 g Ballaststoffe

MOZZARELLA-MANGO-SALAT

Zubereitungszeit:
ca. 20 Minuten

Zutaten für 4 Portionen

2 EL Olivenöl • 2 EL Pflanzenöl • Saft von 2 Zitronen • 2 TL Zucker

Paprikapulver edelsüß • Salz • 1/2 Bund Schnittlauch • 1 Mango • 300 g Mozzarella

50 g Cashewkerne

Zubereitung

1832 / 438 kJ / kcal
17 g Eiweiß
32 g Fett
18 g Kohlenhydrate
1 g Ballaststoffe

1 Oliven- und Pflanzenöl mit Zitronensaft vermischen. Mit Zucker, Paprikapulver und Salz würzen. Den Schnittlauch waschen, in Röllchen schneiden und unter die Sauce heben.

2 Die Mango schälen und das Fruchtfleisch in Scheiben vom Stein schneiden. Den Mozzarella abtropfen lassen und in Scheiben schneiden. Mango- und Mozzarellascheiben dachziegelartig auf einer Platte anrichten.

3 Das Zitronendressing durchrühren und über die angerichteten Scheiben träufeln.

4 Die Cashewkerne grob hacken und auf den Salat streuen.

MANDEL-PITHIVIERS

Zubereitungszeit:
ca. 25 Minuten

Zutaten für 4 Portionen

1 EL Orangeat • 50 g Butter • 40 g Puderzucker • 1 Eigelb • 70 g gehobelte Mandeln

1 Packung frischer Blätterteig • 1 Ei

Zubereitung

2947 / 704 kJ / kcal
12 g Eiweiß
49 g Fett
53 g Kohlenhydrate
5 g Ballaststoffe

1 Das Orangeat fein hacken. Butter und Zucker mit den Quirlen des Handrührgeräts schaumig schlagen, das Eigelb einarbeiten und Mandeln und Orangeat unterheben.

2 Den Blätterteig ausrollen und Kreise von 5 Zentimeter Durchmesser ausstechen.

3 Die Hälfte der Kreise mit der Mandelmasse belegen. Dabei einen Rand von 5 Millimeter lassen und mit Ei bestreichen. Die andere Hälfte der Teigkreise darauf setzen und die Ränder fest andrücken. Ein Backblech mit Backpapier auslegen, die Pithiviers darauf setzen und 30 Minuten an einem kühlen Ort ruhen lassen.

4 Den Backofen auf 220 °C (Gas Stufe 4 – 5, Umluft 190 °C) vorheizen. Die Ränder der Blätterteigkreise nochmals fest andrücken, die Oberseite kreuzweise einschneiden und mit Ei bestreichen.

5 Die Mandel-Pithiviers im heißen Ofen in 10 Minuten goldgelb backen.

6 Auf einem schönen Tablett anrichten und die Mandel-Pithiviers entweder lauwarm oder kalt servieren.

Bilder unten: Traum in Rot – die Konfitüre-Quark-Ecken sind sogar in der traditionellen Weihnachtsfarbe gehalten.

Konfitüre-Quark-Ecken

Zutaten für 4 Portionen

250 g Sahnequark • 1 EL Honig • 1 TL Zitronensaft • 8 Scheiben Toastbrot

40 g Butter • 80 g Erdbeerkonfitüre

Zubereitungszeit: ca. 15 Minuten

Zubereitung

1 Den Quark mit Honig und Zitronensaft verrühren.

2 Die Brotscheiben toasten und dünn mit Butter bestreichen. Den Quark auf die Toasts verteilen und mit der Konfitüre überziehen.

3 Die Brotscheiben diagonal halbieren.

1517 / 363 kJ / kcal
10 g Eiweiß
17 g Fett
43 g Kohlenhydrate
2 g Ballaststoffe

Kartoffelplätzchen mit Räucherlachs

Zubereitungszeit:
ca. 1 Stunde
und 30 Minuten

Zutaten für 4 Portionen

400 g Kartoffeln • 1 Eigelb • 1/2 Bund Schnittlauch • Salz, schwarzer Pfeffer

4 EL Butterschmalz • 8 Scheiben Räucherlachs • 2 EL Sahnemeerrettich • 1 TL Gin

Zubereitung

908 / 217 kJ / kcal
9 g Eiweiß
14 g Fett
13 g Kohlenhydrate
3 g Ballaststoffe

1 Die Kartoffeln waschen, in ausreichend Wasser weich kochen, leicht abkühlen lassen, pellen und durch eine Kartoffelpresse drücken.

2 Das Eigelb einarbeiten und die Masse durch ein Sieb streichen.

3 Den Schnittlauch waschen, trockentupfen, in Röllchen schneiden und unter die Kartoffelmasse heben. Mit Salz und Pfeffer würzen.

4 Das Butterschmalz in einer großen Pfanne erhitzen. Die Kartoffelmasse in 8 kleinen Portionen in die Pfanne geben, mit einem Esslöffelrücken flach drücken und bei starker Hitze 1 Minute braten. Sofort wenden und die Temperatur auf mittlere Hitze reduzieren. Nach 4 Minuten nochmals wenden und weitere 3 Minuten braten.

5 Jede Lachsscheibe kelchförmig zusammenfassen und auf eines der Kartoffelplätzchen setzen.

6 Den Meerrettich mit dem Gin verrühren und die Lachsscheiben damit garnieren.

Garnelensalat mit Brokkoli und Orangen

Zubereitungszeit:
ca. 35 Minuten

Zutaten für 4 Portionen

1 Brokkoli • Salz • 2 Orangen • 150 g Schmand • 2 EL Sahne • 1 EL Feta • 2 EL Olivenöl

1 EL Zitronensaft • 1 EL Weinessig • schwarzer Pfeffer • 250 g Riesengarnelenschwänze

1 EL Pflanzenöl

Zubereitung

1 Den Brokkoli in Röschen zerteilen, in Salzwasser in 5 Minuten bissfest blanchieren, abgießen, abschrecken und abtropfen lassen.

2 Die Orangen so schälen, dass auch die weiße Haut entfernt ist, die Filets aus den Zwischenwänden schneiden und den Saft dabei auffangen.

3 Für das Dressing Schmand, Sahne, Feta, Olivenöl, Zitronensaft, Weinessig und aufgefangenen Orangensaft verrühren und mit Salz und Pfeffer würzen.

4 Die Garnelenschwänze vom Rücken aus halbieren, vom Darmfaden befreien, waschen und trockentupfen. Das Pflanzenöl erhitzen und die Garnelen darin unter Rühren 2 Minuten braten.

5 Garnelen, Brokkoli und Orangenfilets in einer Schüssel vermischen und das Dressing unter den Salat ziehen.

1050 / 251 kJ / kcal
8 g Eiweiß
20 g Fett
9 g Kohlenhydrate
2 g Ballaststoffe

HAFERFLOCKEN-CORNFLAKES-SCONES MIT WEIHNACHTSBUTTER

Zutaten für 4 Portionen

200 g Mehl und Mehl zum Bearbeiten • 1 TL Backpulver • 2 EL Zucker • Salz

200 g Butter • 70 ml Milch • 1 Ei • 50 g Haferflocken • 50 g Cornflakes • 2 EL Sultaninen

1 EL Orangeat • 1 EL Zitronat • 100 g Honig

Zubereitungszeit:
ca. 30 Minuten
Backzeit:
ca. 25 Minuten

Zubereitung

1 Mehl, Backpulver, Zucker und Salz in einer Schüssel mischen. 100 Gramm Butter in Flöckchen zugeben und einarbeiten. Milch und Ei hinzufügen und zu einem glatten Teig kneten. Haferflocken, Cornflakes und Sultaninen unterheben.

2 Den Teig auf einer bemehlten Arbeitsfläche 5 Millimeter dick ausrollen. Kreise von 5 Zentimeter Durchmesser ausstechen und auf ein mit Backpapier ausgelegtes Blech setzen. Die Teigreste zu weiteren Kreisen verarbeiten.

3 Den Backofen auf 200 °C (Gas Stufe 3 – 4, Umluft 180 °C) vorheizen und die Scones darin 20 bis 25 Minuten backen.

4 Orangeat und Zitronat fein hacken. Den Honig erwärmen, bis er flüssig ist, und mit der restlichen Butter, Orangeat, Zitronat und etwas Salz schaumig schlagen.

5 Die Scones lauwarm mit der Buttermischung servieren.

3493 / 834 kJ / kcal
11 g Eiweiß
45 g Fett
95 g Kohlenhydrate
4 g Ballaststoffe

SPANAKOPITTA

Zubereitungszeit:
ca. 20 Minuten
Backzeit:
ca. 30 Minuten

3681 / 880 kJ / kcal
33 g Eiweiß
58 g Fett
55 g Kohlenhydrate
13 g Ballaststoffe

Zutaten für 4 Portionen

1 Packung TK-Kaisergemüse à 750 g • 2 Packungen TK-Rahmspinat • 1 EL Butter • Salz, Pfeffer • 100 g Sahne • 250 g Feta • 2 Eier • 1 Packung frischer Blätterteig • 1 Eigelb

Zubereitung

1 Das Kaisergemüse und den Spinat auftauen lassen.

2 Den Backofen auf 180 °C (Gas Stufe 2 – 3, Umluft 160 °C) vorheizen. Eine Auflaufform buttern. Das Kaisergemüse in die Auflaufform geben, mit Salz und Pfeffer würzen und mit der Sahne begießen. Den Schafskäse zerbröseln und zur Hälfte über das Gemüse geben.

3 Die Eier verschlagen und mit dem Spinat vermischen. Den Spinat in die Auflaufform geben und mit dem restlichen Schafskäse belegen.

4 Den Auflauf mit Blätterteig bedecken, diagonal mehrmals einschneiden, mit dem Eigelb bestreichen und 30 Minuten im heißen Ofen backen.

5 Die Spanakopitta aus dem Ofen nehmen, kurz abkühlen lassen und in der Auflaufform servieren.

SCHINKENSALAT

Zubereitungszeit:
ca. 20 Minuten

Zutaten für 4 Portionen

1 Dose Erbsen à 400 g • 150 g gekochter Schinken • 100 g Bauernschinken

150 g Emmentaler • 1 Kopf Blattsalat • 4 EL Schmand • 2 EL körniger Frischkäse

2 EL Weinessig • 1 TL getrocknete Küchenkräuter • Salz, Pfeffer

Zubereitung

1 Die Erbsen abtropfen lassen. Gekochten und Bauernschinken in breite Streifen schneiden. Den Emmentaler würfeln. Erbsen, Schinken und Käse vermischen.

2 Den Blattsalat waschen, trockenschleudern, in Streifen schneiden und unter die restlichen Salatzutaten heben.

3 Für das Dressing Schmand, Frischkäse und Essig zu einer sämigen Sauce verrühren und mit Küchenkräutern, Salz und Pfeffer würzen.

4 Das Dressing unter den Salat mischen.

1572 / 375 kJ/kcal

33 g Eiweiß

21 g Fett

12 g Kohlenhydrate

6 g Ballaststoffe

CHICORÉESALAT MIT ABGELÖSCHTEM SCHINKEN UND PARMESANCROÛTONS

Zutaten für 4 Portionen

2 EL gehobelte Mandeln • 6 EL Orangensaft • 2 EL Weinessig • 2 EL Pflanzenöl

Salz, Pfeffer • 1 Kopf Eisbergsalat • 4 Stauden Chicorée • 1 grüne Paprika

2 Baguettebrötchen • 4 EL Butter • 75 g geriebener Parmesan

16 Scheiben Schwarzwälder Schinken • 2 EL Balsamicoessig

Zubereitungszeit: ca. 25 Minuten

Zubereitung

1 Die Mandeln mit Orangensaft, Weinessig und Pflanzenöl vermischen und mit einem Schneidstab pürieren. Mit Salz und Pfeffer würzen.

2 Den Eisbergsalat vierteln, in breite Streifen schneiden, waschen und abtropfen lassen. Den Chicoréestrunk kegelförmig ausschneiden, die Staude zerteilen und waschen.

3 Die Paprikaschote waschen, halbieren, von Stielansatz, weißen Zwischenwänden und Kernen befreien und in dünne Streifen schneiden.

4 Die Baguettebrötchen in Würfel von 1 Zentimeter Größe schneiden. Die Butter zerlassen und die Brotwürfel darin bei schwacher Hitze knusprig braten. Den geriebenen Parmesan zugeben und unter Rühren 1 weitere Minute braten, bis die Würfel mit Käse überzogen sind.

5 Eine große, beschichtete Pfanne auf mittlere Hitze erwärmen, die Schinkenscheiben hineingeben, nach einigen Sekunden wenden, kurz weiterbraten und mit dem Balsamicoessig ablöschen.

6 Den Eisbergsalat auf 4 Teller verteilen, die Chicoréeblätter darauf anrichten, die Paprikastreifen darüber verteilen und mit dem Mandeldressing beträufeln.

7 Die Schinkenscheiben auf den Salat legen und die Parmesancroûtons vor dem Servieren darüber geben.

1947 / 465 kJ / kcal

27 g Eiweiß

27 g Fett

27 g Kohlenhydrate

6 g Ballaststoffe

MENÜS

Im folgenden Teil finden Sie leicht kombinierbare Rezepte und Ideen. Vom

klassischen 3-Gänge-Menü bis zu aufwändigen 7-Gänge-Spezialitäten.

Festlich und ausgiebig genießen

Für die meisten Menschen ist für ein schönes, gelungenes Weihnachten gutes Essen unverzichtbar, das einem Fest dieser Bedeutung angemessen ist. Es ist die Zeit für ausgiebige Menüs, mit Rezepten, die zur festlichen Stimmung passen.

Lassen Sie sich von einem der folgenden Vorschläge vom schnell zubereiteten 3-Gänge-Menü über amerikanisch und italienisch angehauchte 4- und 5-Gänge-Menüs bis zur Krönung, dem großen, 7-Gänge-Menü, inspirieren.

Bei ALDI finden Sie auch ein Sortiment an Weinen, die Ihr Menü begleiten können. Bei der Auswahl der Weine sollten Sie beachten, dass in der Menüabfolge immer Weiß vor Rot und Jung vor Alt gereicht werden sollte.

Weihnachtliches Luxusmenü (5 Gänge)

CHAMPIGNONSALAT MIT ENTENBRUSTCARPACCIO

Zubereitungszeit:
ca. 40 Minuten

Zutaten für 4 Portionen

1 Entenbrust • Salz, schwarzer Pfeffer • 2 EL Pflanzenöl • 200 g Champignons

2 EL Zitronensaft • 50 ml Weißwein • 100 g Sahne • 1/2 Zwiebel

1/2 TL mittelscharfer Senf • Paprikapulver edelsüß • Zucker

Zubereitung

1099 / 262 kJ / kcal
11 g Eiweiß
22 g Fett
3 g Kohlenhydrate
1 g Ballaststoffe

1 Den Backofen auf 200 °C (Gas 3 – 4, Umluft 180 °C) vorheizen. Die Entenbrust auf der Fettseite mehrmals schräg einschneiden und rundum salzen und pfeffern.

2 Das Öl bei starker Hitze in einer Gusspfanne heiß werden lassen und die Entenbrust auf der Unterseite anbraten. Wenden, in den heißen Ofen schieben und in 16 Minuten innen rosa braten. Nach 10 Minuten nochmals umdrehen, so dass die Fettseite wieder oben ist.

3 Die Entenbrust aus der Pfanne nehmen und abkühlen lassen.

4 Die Champignons putzen, vom Stielende befreien und blättrig schneiden. 125 Milliliter Wasser mit 1 Esslöffel Zitronensaft und dem Weißwein aufkochen, über die Champignons gießen und 10 Minuten ziehen lassen. Anschließend die Champignons abgießen und gut abtropfen lassen.

5 Die Sahne halb steif schlagen. Die Zwiebel abziehen und fein würfeln. Restlichen Zitronensaft, Senf und Zwiebelwürfel unter die Sahne heben und mit Salz, Pfeffer, Paprikapulver und Zucker würzen.

6 Die Champignons auf 4 kleine Teller geben und mit etwas Sahnedressing beträufeln. Die abgekühlte Entenbrust in dünne Scheiben schneiden und an die Pilze anlegen.

GARNELENSCHWÄNZE MIT ZITRUSFRÜCHTEN

Zutaten für 4 Portionen

2 Orangen • 1 Zitrone • 100 g Joghurt • 1 TL Sahnemeerrettich • 2 EL Tomatenketchup Paprikapulver edelsüß • Salz, schwarzer Pfeffer • 100 g Erbsen aus der Dose 100 g Kidneybohnen aus der Dose • 2 EL Butter • 2 EL Weißwein • 1 TL Balsamicoessig 1/2 Kopf Eisbergsalat • 20 Garnelenschwänze • 2 EL Pflanzenöl

Zubereitungszeit: ca. 35 Minuten

Zubereitung

1 Die Orangen und die Zitrone so schälen, dass auch die weiße Haut entfernt ist, die Filets aus den Zwischenwänden schneiden und den Saft dabei auffangen.

2 Joghurt mit Sahnemeerrettich, Tomatenketchup, Orangen- und Zitronensaft vermischen und mit Paprikapulver, Salz und Pfeffer würzen.

3 Erbsen und Bohnen abtropfen lassen, mit Butter und Weißwein 5 Minuten bei schwacher Hitze erwärmen und mit Balsamicoessig, Salz und Pfeffer würzen.

4 Den Salat putzen, waschen und in breite Streifen schneiden.

5 Die Garnelen am Rücken einschneiden, vom Darmfaden befreien, waschen und trockentupfen. Das Öl erhitzen und die Garnelen darin bei mittlerer Hitze 4 Minuten braten. Nach der Hälfte der Garzeit wenden. Mit Salz und Pfeffer würzen.

6 Die Salatstreifen auf 4 kleine Teller verteilen. Erbsen und Bohnen darauf geben. Garnelenschwänze, Orangen- und Zitronenfilets dekorativ darauf anrichten und mit der Joghurtsauce beträufeln.

848 / 203 kJ / kcal
9 g Eiweiß
11 g Fett
14 g Kohlenhydrate
5 g Ballaststoffe

BIRNENSUPPE

Zubereitungszeit:
ca. 40 Minuten

Zutaten für 4 Portionen

1/2 Zwiebel • 2 EL Butterschmalz • 100 ml Sekt • 600 ml Gemüsebrühe aus Würfeln

80 g Reis • 4 Birnen • 200 g Sahne • 1 EL Birnengeist • Zucker • Salz, schwarzer Pfeffer

1 EL Schnittlauchröllchen

Zubereitung

942 / 224 kJ / kcal
2 g Eiweiß
8 g Fett
30 g Kohlenhydrate
4 g Ballaststoffe

1 Die Zwiebel abziehen und fein würfeln. Das Butterschmalz in einem Topf erhitzen und die Zwiebelwürfel darin glasig dünsten.

2 Die Zwiebeln mit dem Sekt ablöschen und aufkochen. Mit der Brühe aufgießen, den Reis zugeben und 25 Minuten kochen, bis der Reis weich ist.

3 Die Birnen schälen, vierteln, vom Kerngehäuse befreien und in Stücke schneiden. Nach 15 Minuten in die Brühe geben.

4 Die Suppe pürieren und durch ein Sieb streichen. Die Sahne zugeben, nochmals aufkochen und mit Birnengeist, Zucker, Salz und Pfeffer abschmecken.

5 Die Suppe auf 4 tiefe Teller geben und mit Schnittlauch bestreut servieren.

GEFÜLLTER LACHS MIT ZITRONENVELOUTÉ

Zubereitungszeit:
ca. 1 Stunde
und 30 Minuten
Kühlzeit:
ca. 45 Minuten

Zutaten für 4 Portionen

200 g Riesengarnelenschwänze • 250 g Sahne • 75 g Schmand • 1 Eiweiß

Paprikapulver edelsüß • Salz, schwarzer Pfeffer • 600 g Lachsfilet • 1/2 Zwiebel

2 EL Butter • 1 EL Mehl • 2 EL Weißwein • 400 ml Gemüsebrühe aus Würfeln

1 EL Zitronensaft • 1/2 Bund Schnittlauch • 200 g grüne Bohnen • 300 g Bandnudeln

Zubereitung

1 Die Garnelen am Rücken einschneiden, vom Darmfaden befreien, waschen, trockentupfen, in kleine Stücke schneiden und 15 Minuten vor dem Kochen nochmals in das Tiefkühlfach stellen.

2 Die Garnelenstücke mit 100 Gramm kalter Sahne, Schmand und Eiweiß im Mixer pürieren, durch ein Sieb streichen, mit Paprikapulver, Salz und Pfeffer würzen und 30 Minuten im Tiefkühlfach kalt stellen.

3 Den Backofen auf 170 °C (Gas Stufe 2, Umluft 150 °C) vorheizen. Die Lachsportionsstücke längs in 2 Scheiben schneiden und mit Salz und Pfeffer würzen. Eine Scheibe mit der Garnelenfarce bestreichen und eine zweite Scheibe darauf setzen. Die Fischstücke in eine Auflaufform setzen und im heißen Ofen 40 Minuten garen.

4 In der Zwischenzeit für die Velouté die Zwiebel abziehen, fein würfeln und in der Butter glasig dünsten. Mit dem Mehl bestäuben und unter Rühren in 3 Minuten hell anschwitzen. Mit dem Weißwein ablöschen, mit der Gemüsebrühe aufgießen und bei schwacher Hitze unter häufigem Rühren 20 Minuten kochen.

5 Die restliche Sahne in die Sauce geben und weitere 10 Minuten kochen. Mit Salz, Pfeffer und Zitronensaft würzen. Den Schnittlauch waschen, in Röllchen schneiden und unter die Sauce heben.

6 Die Bohnen putzen, waschen, in leicht gesalzenem Wasser 10 Minuten blanchieren.

7 Die Bandnudeln nach Packungsanleitung in leicht gesalzenem Wasser in 8 bis 10 Minuten kochen. Abgießen und abtropfen lassen.

8 Die gefüllten Lachsschnitten mit Bohnen und Nudeln anrichten und den Fisch mit der Velouté überziehen.

3303 / 789 kJ / kcal
45 g Eiweiß
41 g Fett
59 g Kohlenhydrate
6 g Ballaststoffe

Das Luxusmenü trägt seinen Namen zu Recht: Lachs und Garnelen, mit Zitrone verfeinert.

MANDELEIS MIT FRUCHTSAUCE

Zubereitungszeit:
ca. 45 Minuten

Zutaten für 4 Portionen

320 g Zucker • 200 g TK-Tropische Fruchtmischung, aufgetaut • 1 EL Zitronensaft

150 g gehobelte Mandeln • 500 ml Milch • 1 Päckchen Vanillezucker • 6 Eigelbe

Zubereitung

3189 / 761 kJ / kcal
16 g Eiweiß
33 g Fett
100 g Kohlen-
hydrate
7 g Ballaststoffe

1 100 Gramm Zucker mit 125 Milliliter Wasser in 25 Minuten einkochen. Die Fruchtmischung pürieren, mit Zitronensaft und dem Zuckersirup verrühren und erkalten lassen.

2 100 Gramm Mandeln mit 20 Gramm Zucker pürieren.

3 Die Milch mit Vanillezucker aufkochen. Die Eigelbe mit dem restlichen Zucker über einem Wasserbad aufschlagen. Die Milch zugeben, cremig aufschlagen, aber nicht kochen lassen.

4 Die Masse über Eiswürfeln kalt schlagen, das Mandelpüree unterheben und in einer Eismaschine gefrieren lassen. In eine Terrinenform füllen und in das Tiefkühlfach stellen.

5 Die restlichen Mandeln in einer beschichteten Pfanne ohne Fettzugabe leicht anrösten.

6 Das Mandeleis aus der Form stürzen, in Scheiben schneiden und auf Desserttellern anrichten. Das Eis mit den gerösteten Mandeln bestreuen und mit der Fruchtsauce umgießen.

Deftiges Landmenü (3 Gänge)

ROTE-BETE-SUPPE

Zubereitungszeit:
ca. 40 Minuten

Zutaten für 4 Portionen

1/2 Zwiebel • 1 EL Butterschmalz • 1 Glas Rote Bete à 520 g • 100 ml Weißwein

600 ml Gemüsebrühe aus Würfeln • 1 Apfel • 200 ml Apfelsaft • Salz, schwarzer
Pfeffer • 1 TL Weinessig • Zucker • 100 g Schmand • 1 EL Sahnemeerrettich

Zubereitung

1 Die Zwiebel abziehen und fein würfeln. Das Butterschmalz erhitzen und die Zwiebelwürfel darin glasig dünsten.

2 Die Rote Bete mit Flüssigkeit zu den Zwiebeln geben. Mit Weißwein und Brühe aufgießen und zugedeckt bei schwacher Hitze 20 Minuten kochen.

3 In der Zwischenzeit den Apfel schälen, vom Kerngehäuse befreien und in Spalten scheiden. Die Apfelspalten 2 Minuten im Apfelsaft dünsten.

4 Die Apfelspalten abgießen. Den Apfelsaft zur Suppe gießen, mit einem Schneidstab pürieren, nochmals aufkochen und mit Salz, Pfeffer, Weinessig und Zucker würzen.

5 Den Schmand mit dem Sahnemeerrettich verrühren.

6 Die Suppe auf 4 tiefe Teller verteilen, mit Apfelspalten und 1 Esslöffel Meerrettichschmand garnieren und sofort servieren.

875 / 208 kJ / kcal

3 g Eiweiß

11 g Fett

19 g Kohlenhydrate

5 g Ballaststoffe

HÄHNCHENKEULE AUF TRAUBENSAUERKRAUT

Zutaten für 4 Portionen

2 Zwiebeln • 250 g Trauben • 125 g Butter • 1 Dose Sauerkraut à 810 g

Salz, schwarzer Pfeffer • 250 ml Traubensaft • 1 Hähnchenpfanne • 4 EL Honig

3 EL Zitronensaft • 4 Portionen Kartoffelpüreepulver • 250 ml Milch

Zubereitungszeit:
ca. 1 Stunde
und 10 Minuten

Zubereitung

1 Die Zwiebeln abziehen, achteln, in kochendem Wasser 2 Minuten blanchieren, abschrecken und abtropfen lassen. Die Trauben waschen und abzupfen.

2 Den Backofen auf 220 °C (Gas Stufe 4 – 5, Umluft 190 °C) vorheizen. Einen Bräter mit 2 Esslöffeln Butter fetten. Das Sauerkraut hineingeben, mit Salz und Pfeffer würzen, Zwiebeln und Trauben darauf verteilen und mit dem Traubensaft begießen.

3 Die Hähnchenkeulen auf das Kraut setzen und mit Salz und Pfeffer würzen. Honig mit Zitronensaft verrühren, die Hähnchenkeulen damit bestreichen und 30 bis 40 Minuten im heißen Ofen braten.

4 In der Zwischenzeit das Kartoffelpüree mit der Milch nach Packungsanleitung zubereiten. Die restliche Butter erhitzen, bis sie leicht braun wird.

5 Die Hähnchenkeulen auf dem Kraut anrichten, das Kartoffelpüree danebengeben, mit brauner Butter beträufeln und sofort servieren.

4422 / 1957 kJ / kcal

66 g Eiweiß

57 g Fett

65 g Kohlenhydrate

12 g Ballaststoffe

ROTWEINBIRNEN MIT ARMEN RITTERN

Zubereitungszeit:
ca. 1 Stunde
und 10 Minuten

Zutaten für 4 Portionen

1 Orange • 2 Birnen • 500 ml Rotwein • 2 EL Birnengeist • 1 EL Zitronensaft
2 TL Vanillezucker • 2 EL Zucker • 2 Eier • 2 EL Milch • 2 EL Rum • 1 Baguettebrötchen
4 EL Butter

Zubereitung

1579 / 377 kJ / kcal
7 g Eiweiß
12 g Fett
33 g Kohlenhydrate
3 g Ballaststoffe

1 Die Orange schälen und in Scheiben schneiden. Die Birnen schälen.

2 Den Rotwein in einem kleinen, hohen Topf aufkochen, den Birnengeist zugeben und flambieren. Zitronensaft, Orangenscheiben, 1 Teelöffel Vanillezucker und den Zucker zum Rotwein geben und aufkochen.

3 Die Birnen in den Topf geben – sie sollten mit Rotwein bedeckt sein –, bei schwacher Hitze 30 Minuten ziehen lassen, herausnehmen. Den Rotweinsud auf 1/3 einkochen. Die Birnen können schon am Vortag zubereitet und im Sud aufbewahrt werden.

4 Die Eier mit Milch, Rum und restlichem Vanillezucker verschlagen. Das Brötchen in 8 Scheiben schneiden.

Arme Ritter sind besonders bei Kindern sehr beliebt. Diese Variante schmeckt Jung und Alt!

5 Die Butter erhitzen, die Brötchenscheiben durch die Eiermischung ziehen und in der Butter auf beiden Seiten 2 Minuten braten.

6 Die Birnen aus dem Sud heben, halbieren und in Fächer schneiden. Die gebratenen Brötchenscheiben auf 4 Desserttellern anrichten, die Birnenhälften darauf setzen und mit dem Sud beträufeln.

Wildmenü (4 Gänge)

SERVIETTENKNÖDELSCHEIBEN

Zutaten für 4 Portionen

1/2 Zwiebel • 50 g Butter • 4 alte Brötchen • 200 ml Milch • 2 Eier

Salz, schwarzer Pfeffer • 2 EL Pflanzenöl • 2 EL Olivenöl • 300 g Camembert

150 g Schwarzwälder Schinken

Zubereitungszeit:
ca. 1 Stunde
und 15 Minuten

Zubereitung

1 Die Zwiebel abziehen und fein würfeln. Die Butter zerlassen und die Zwiebelwürfel darin glasig dünsten.

2 Die Brötchen in Würfel schneiden.

3 Die Milch mit den Eiern verschlagen. Brotwürfel, Eiermilch und Zwiebeln vermischen und mit Salz und Pfeffer würzen.

4 Ein Küchentuch mit dem Pflanzenöl einstreichen, die Knödelmasse darauf geben, zu einer 8 Zentimeter dicken Rolle formen und in das Küchentuch einrollen. Die Enden mit Küchengarn verschnüren. Den Serviettenknödel in leicht gesalzenem Wasser zugedeckt bei schwacher Hitze 40 Minuten ziehen lassen. Nach der Hälfte der Garzeit wenden.

5 Den Backofen auf 180 °C (Gas Stufe 2 – 3, Umluft 160 °C) vorheizen. Ein Blech mit Backpapier auslegen. Den Serviettenknödel auspacken und in Scheiben schneiden. Die Knödelscheiben auf dem Blech auslegen, mit Olivenöl einstreichen und 10 Minuten im heißen Ofen backen.

6 Den Camembert in Scheiben schneiden. Die Knödelscheiben mit Camembert und Schwarzwälder Schinken belegen und weitere 5 Minuten im Ofen überbacken.

7 Auf 4 Tellern anrichten und servieren.

2810 / 672 kJ / kcal
33 g Eiweiß
47 g Fett
29 g Kohlenhydrate
2 g Ballaststoffe

PILZSUPPE MIT SPECK

Zubereitungszeit:
ca. 40 Minuten

Zutaten für 4 Portionen

400 g Champignons • 1 Zwiebel • 100 g gewürfelter Bauchspeck • 2 EL Butter

800 ml Gemüsebrühe aus Würfeln • Salz, schwarzer Pfeffer

1 TL getrocknete Suppenkräuter • 1 EL Mehl • 1/2 Bund Schnittlauch • 100 g Schmand

Zubereitung

1465 / 349 kJ / kcal
5 g Eiweiß
35 g Fett
5 g Kohlenhydrate
3 g Ballaststoffe

1 Die Champignons putzen, vom Stielende befreien und blättrig schneiden. Die Zwiebel abziehen und fein würfeln.

2 Den Bauchspeck in einem Suppentopf bei mittlerer Hitze auslassen. Die Butter und die Champignons hinzufügen und unter Rühren 2 Minuten braten. Die Zwiebelwürfel zugeben und 2 Minuten mitbraten.

3 Mit der Gemüsebrühe auffüllen, aufkochen und 5 Minuten bei schwacher Hitze ziehen lassen. Mit Salz, Pfeffer und Suppenkräutern würzen.

4 Das Mehl in etwas kaltem Wasser auflösen, in die Suppe einrühren und 15 Minuten kochen. Ab und zu umrühren.

5 Den Schnittlauch waschen, in Röllchen schneiden und unter die Suppe mischen.

6 Die Suppe auf 4 tiefe Teller verteilen und einen Klecks Schmand in die Mitte geben.

HIRSCHRAGOUT MIT WALDBEEREN

Zubereitungszeit:
ca. 1 Stunde
und 20 Minuten

Zutaten für 4 Portionen

600 g Hirschgulasch • 250 ml Rotwein • 1 Zwiebel • 4 EL Pflanzenöl

Salz, schwarzer Pfeffer • 250 ml Instantfleischbrühe • 100 ml Gin • 2 TL Zitronensaft

2 EL Honig • 200 g TK-Beerenmischung, aufgetaut • 400 g Spätzle

Zubereitung

1 Das Hirschgulasch mit dem Rotwein aufgießen und über Nacht beizen.

2 Das Hirschgulasch abtropfen lassen, den Rotwein dabei auffangen.

3 Die Zwiebel abziehen und fein würfeln. Das Pflanzenöl in einem Schmortopf erhitzen und die Zwiebelwürfel darin bei mittlerer Hitze glasig dünsten. Das Fleisch mit Salz und Pfeffer würzen und zu den Zwiebeln geben. Kurz mitgaren. Mit etwas Rotwein ablöschen und die Flüssigkeit einkochen. Diesen Vorgang 2- bis 3-mal wiederholen.

4 Das Fleisch mit der Fleischbrühe und 50 Milliliter Gin aufgießen. Aufkochen und zugedeckt bei schwacher Hitze ca. 1 Stunde schmoren.

5 Wenn das Fleisch weich ist, den restlichen Gin, Zitronensaft und Honig einrühren. Die Beeren zugeben und unterheben. Nochmals mit Salz und Pfeffer abschmecken.

6 Die Spätzle nach Packungsangabe in leicht gesalzenem Wasser kochen und abgießen.

7 Hirschragout und Spätzle auf 4 Tellern anrichten und sofort servieren.

2397 / 571 kJ / kcal
39 g Eiweiß
23 g Fett
27 g Kohlenhydrate
5 g Ballaststoffe

LEBKUCHENSOUFFLÉ

Zutaten für 4 Portionen

50 Butter und Butter für die Förmchen • 50 g Zucker und Zucker für die Förmchen

50 g Zartbitterschokolade • 3 Eier • 100 g Lebkuchen oder Honigkuchen

2 EL Walnusskerne • 2 EL Sahne • Salz

Zubereitungszeit:
ca. 30 Minuten
Backzeit:
ca. 25 Minuten

Zubereitung

1 4 Souffléförmchen mit Butter ausstreichen, mit Zucker ausstreuen und kalt stellen.

2 Die Schokolade grob hacken, über einem Wasserbad schmelzen und auf Zimmertemperatur abkühlen lassen. Die Eier trennen, Eigelbe mit Butter und 2 Esslöffeln Zucker schaumig schlagen und unter die Schokolade ziehen.

3 Den Lebkuchen reiben oder fein zerbröseln und die Walnüsse hacken. Lebkuchen, Walnüsse und Sahne vermischen.

4 Die Schokoladenmischung mit dem Lebkuchen verrühren. Das Eiweiß mit Salz und dem restlichen Zucker steif schlagen und unter die Masse heben.

5 Den Backofen auf 180 °C (Gas Stufe 2 – 3, Umluft 160 °C) vorheizen. Die Masse in die Souffléförmchen füllen, in ein heißes Wasserbad geben und im heißen Ofen 20 bis 25 Minuten garen.

1916 / 457 kJ / kcal
9 g Eiweiß
30 g Fett
37 g Kohlenhydrate
3 g Ballaststoffe

Italienisches Menü (5 Gänge)

ROTBARSCH AUF ERBSENCROSTINI

Zubereitungszeit:
ca. 45 Minuten

Zutaten für 4 Portionen

1 Bund Petersilie • 1/2 Zwiebel • 2 EL Olivenöl • 200 g Erbsen aus der Dose

2 EL Weißwein • 50 ml Gemüsebrühe aus Würfeln • 2 EL Zitronensaft

Salz, schwarzer Pfeffer • 250 g Sahne • 50 g Joghurt • 2 EL Butter • 200 g Rotbarschfilet

50 g Mehl • Öl zum Frittieren • 8 Scheiben Toastbrot

Zubereitung

Crostini sind aus der toskanischen Küche nicht wegzudenken. Hier eine Variante mit Erbsen.

1 Die Petersilie waschen, trockentupfen, die Blätter abzupfen und hacken. Die Zwiebel abziehen und fein würfeln.

2 1 Esslöffel Olivenöl erhitzen und die Zwiebelwürfel darin glasig dünsten. Die Erbsen abtropfen lassen, zu den Zwiebeln geben und erhitzen. Mit dem Weißwein ablöschen, mit der Gemüsebrühe aufgießen und bei schwacher Hitze 5 Minuten kochen. Mit der Hälfte der Petersilie, 1 Esslöffel Zitronensaft, Salz und Pfeffer würzen.

3 Die Erbsen mit 50 Gramm Sahne und Joghurt pürieren und durch ein Sieb streichen.

4 Die Butter erhitzen und goldbraun werden lassen. Mit der restlichen Sahne, Zitronensaft und Petersilie schaumig aufschlagen und mit Salz und Pfeffer abschmecken.

5 Den Rotbarsch entgräten, in Streifen schneiden, salzen, pfeffern und im Mehl wenden. Das Öl auf 180 °C erhitzen und die Fischstreifen darin 4 Minuten frittieren. Auf Küchenpapier abtropfen lassen.

6 Den Backofen auf 220 °C (Gas Stufe 4 – 5, Umluft 190 °C) vorheizen. Aus dem Toastbrot Kreise ausstechen, mit Olivenöl bestreichen und im Ofen 3 Minuten rösten.

7 Die Toastcrostini mit der Erbsencreme bestreichen, mit den Rotbarschstreifen belegen und mit der Sauce überziehen.

8 Beim Servieren 2 Stück pro Portion reichen.

2601 / 621 kJ / kcal

22 g Eiweiß

40 g Fett

43 g Kohlenhydrate

5 g Ballaststoffe

FUSILLI MIT HIRSCHRAGOUT

Zutaten für 4 Portionen

250 g Hirschgulasch • 150 g Champignons • 1 rote Paprika • 1/2 Zwiebel • Salz, schwarzer Pfeffer • 2 EL Olivenöl • 1 EL gewürfelter Bauchspeck • Paprikapulver edelsüß

100 ml Rotwein • 2 TL Mehl • 50 ml Portwein • 300 ml Fleischbrühe aus Würfeln

100 g passierte Tomaten • Zucker • 400 g Spiralnudeln

Zubereitungszeit:

ca. 1 Stunde

Zubereitung

1 Das Hirschgulasch in kleine Würfel von 1 Zentimeter Seitenlänge schneiden.

2 Die Champignons putzen, die Stielenden entfernen und die Köpfe vierteln. Die Paprika-schote waschen, halbieren, von Stielansatz, weißen Zwischenwänden und Kernen befreien und klein schneiden. Die Zwiebel abziehen und fein würfeln.

3 Das Fleisch mit Salz und Pfeffer würzen. Das Öl in einem Topf erhitzen und das Hirsch-gulasch darin bei starker Hitze 4 Minuten anbraten. Umrühren, Zwiebeln, Paprika und Bauchspeck zugeben und 5 Minuten mitbraten.

4 Das Fleisch mit Paprikapulver bestäuben und sofort mit dem Rotwein ablöschen. Die Flüssigkeit einkochen.

5 Das Ragout mit Mehl bestäuben und mit Portwein ablöschen. Mit der Fleischbrühe und den passierten Tomaten aufgießen. Die Champignons zugeben.

6 Das Hirschragout zugedeckt 40 bis 45 Minuten schmoren.

7 Sobald das Fleisch weich durchgebraten ist, die Sauce mit Zucker, Salz und Pfeffer ab-schmecken.

8 Die Spiralnudeln nach Packungsanleitung in leicht gesalzenem Wasser kochen. Abgießen und abtropfen lassen.

9 Die Nudeln auf 4 tiefe Teller verteilen und das Hirschragout in die Mitte geben.

2488 / 595 kJ / kcal

29 g Eiweiß

14 g Fett

80 g Kohlenhydrate

8 g Ballaststoffe

FELDSALAT MIT GEBACKENEN MOZZARELLAWÜRFELN

Zubereitungszeit:
ca. 35 Minuten

Zutaten für 4 Portionen

100 g passierte Tomaten • 4 EL Balsamicoessig • 6 EL Olivenöl • 4 EL Orangensaft

1/2 Zwiebel • Zucker • Salz, schwarzer Pfeffer • 400 g Feldsalat • 200 g Cocktailtomaten

50 g geriebener Parmesan • 50 g Semmelbrösel • 1 Ei • 200 g Mozzarella

Öl zum Frittieren

Zubereitung

2031 / 485 kJ / kcal
18 g Eiweiß
38 g Fett
16 g Kohlenhydrate
4 g Ballaststoffe

1 Für das Dressing die passierten Tomaten mit Balsamicoessig, Olivenöl und Orangensaft verrühren. Die Zwiebel abziehen, reiben und mit der Sauce vermischen. Mit Zucker, Salz und Pfeffer würzen.

2 Die Wurzelenden und welken Blätter vom Feldsalat entfernen. Die Pflänzchen waschen und trockenschleudern. Die Cocktailtomaten waschen und vierteln.

3 Parmesan und Semmelbrösel vermischen. Das Ei verschlagen.

4 Den Mozzarella in 1 Zentimeter große Würfel schneiden, durch das Ei ziehen und in der Parmesan-Semmelbrösel-Mischung wenden.

5 Das Öl auf 180 °C erhitzen und die Mozzarellawürfel darin in 2 Minuten goldgelb frittieren. Auf Küchenpapier abtropfen lassen.

6 Den Feldsalat und die Cocktailtomaten auf 4 Tellern anrichten und mit dem Tomaten-Balsamico-Dressing beträufeln. Die frittierten Mozzarellawürfel darauf verteilen und sofort servieren.

RINDERHÜFTE MIT ROTER-ZWIEBEL-SAUCE

Zubereitungszeit:
ca. 40 Minuten

Zutaten für 4 Portionen

2 rote Zwiebeln • 4 EL Olivenöl • 100 ml Portwein • 400 ml Fleischbrühe aus Würfeln

2 EL Preiselbeeren • 1 EL Balsamicoessig • Salz, schwarzer Pfeffer • 4 Rinderhüftsteaks

1 Packung TK-Kaisergemüse à 750 g, aufgetaut • 4 EL Butter • 1 Ciabatta

Zubereitung

1 Die Zwiebeln abziehen, halbieren und in feine Ringe schneiden. 2 Esslöffel Olivenöl erhitzen und die Zwiebeln darin bei mittlerer Hitze 4 Minuten unter Rühren anbraten. Mit dem Portwein ablöschen und die Flüssigkeit verdampfen lassen. Fleischbrühe und Preiselbeeren zugeben und 10 Minuten kochen. Mit Balsamicoessig, Salz und Pfeffer würzen.

2 Das restliche Olivenöl erhitzen und die Rinderhüftsteaks darin bei mittlerer Hitze 6 Minuten braten. Nach der Hälfte der Garzeit wenden.

3 In der Zwischenzeit das Kaisergemüse mit der Butter erwärmen und mit Salz und Pfeffer würzen.

4 Das Fleisch aus der Pfanne nehmen und warm halten. Überschüssiges Öl abschütten, die Sauce hineingießen und nochmals erhitzen.

5 Die Rindersteaks auf 4 Tellern anrichten und mit der Zwiebelsauce begießen. Das Gemüse dazugeben. Das Ciabatta in Scheiben schneiden und dazu reichen.

3087 / 737 kJ / kcal
49 g Eiweiß
34 g Fett
51 g Kohlenhydrate
9 g Ballaststoffe

GEKOCHTE MILCHCREME

Zutaten für 4 Portionen

500 ml Milch • 200 g Sahne • 1 Päckchen Vanillezucker • 6 Eigelbe • 25 g Zucker

2 EL Amaretto • 50 ml Espressokaffee • 25 g Vollmilchschokolade • 2 TL Kakaopulver

Zubereitungszeit:
ca. 25 Minuten
Backzeit:
ca. 35 Minuten

Zubereitung

1 Milch und Sahne mit dem Vanillezucker aufkochen. Die Eigelbe mit dem Zucker verschlagen. Die Milch zu den Eigelben geben.

2 Amaretto und Espresso unter die Eier-Milch-Mischung rühren und in 4 feuerfeste Förmchen oder Tassen füllen.

3 Die Vollmilchschokolade raspeln, die Schokoraspeln auf die Milchcreme streuen und leicht umrühren.

4 Den Backofen auf 180 °C (Gas Stufe 2 – 3, Umluft 160 °C) vorheizen und die Milchcreme darin im Wasserbad 30 bis 35 Minuten backen, bis die Creme fest ist. Die Milchcreme mit Kakaopulver bestreuen und in der Form servieren.

1722 / 411 kJ / kcal
10 g Eiweiß
30 g Fett
22 g Kohlenhydrate
1 g Ballaststoffe

Amerikanisches Weihnachtsmenü mit Pute (3 Gänge)

NUSSSUPPE

Zubereitungszeit:
ca. 50 Minuten

Zutaten für 4 Portionen

250 g Kartoffeln • 1/2 Zwiebel • 2 EL Butterschmalz • 150 g Haselnüsse

50 g Walnüsse • 100 ml Weißwein • 250 ml Milch • 400 ml Gemüsebrühe aus Würfeln

150 g Sahne • Salz, schwarzer Pfeffer • 80 g gehobelte Mandeln

Zubereitung

2933 / 700 kJ / kcal
14 g Eiweiß
62 g Fett
18 g Kohlenhydrate
9 g Ballaststoffe

1 Die Kartoffeln schälen und klein schneiden. Die Zwiebel abziehen und fein würfeln.

2 Das Butterschmalz in einem Topf erhitzen und die Zwiebelwürfel darin in 2 Minuten glasig dünsten. Die Kartoffelwürfel sowie Hasel- und Walnüsse zugeben, durchrühren und mit Weißwein, Milch und Gemüsebrühe aufgießen. Aufkochen und zugedeckt bei schwacher Hitze 30 Minuten garen.

3 Die Suppe mit einem Schneidstab pürieren, die Sahne zugießen, aufkochen und würzen.

4 Die Mandeln in einer beschichten Pfanne ohne Fettzugabe leicht anrösten.

5 Die Suppe auf 4 tiefe Teller verteilen und mit den Mandeln bestreut servieren.

GEFÜLLTE PUTENBRUST MIT ORANGEN-WHISKEY-SAUCE

Zubereitungszeit:
ca. 1 Stunde

Zutaten für 4 Portionen

2 Scheiben Toastbrot • 2 EL Butter • 150 g Rahmspinat • 2 EL Semmelbrösel

1 Eigelb • 700 g marinierte Putenfilets • Salz, schwarzer Pfeffer • 2 EL Butterschmalz

2 EL Zucker • 100 ml Bourbon-Whiskey • 250 ml Orangensaft • 250 ml Gemüsebrühe

250 g Reis • 2 Tomaten • 2 EL Butter • 1 Portion Instantgeflügelsauce (für 250 ml)

Zubereitung

1 Das Toastbrot entrinden, in Würfel schneiden und in der Butter knusprig braun braten.

2 Den Spinat mit Semmelbröseln und Eigelb vermischen und die Brotwürfel unterheben.

3 In die Putenfilets Taschen schneiden und mit Salz und Pfeffer würzen. Die Spinatfüllung in die Taschen geben und mit einem Zahnstocher verschließen.

4 Das Butterschmalz erhitzen und die Putenstücke darin auf beiden Seiten anbraten. Den Zucker auf das Fleisch streuen und in den heißen Ofen schieben.

5 Nach 5 Minuten Whiskey, Orangensaft und Geflügelbrühe angießen und das Putenfleisch zugedeckt weitere 25 Minuten schmoren.

6 In der Zwischenzeit den Reis mit der doppelten Menge gesalzenem Wasser in 18 bis 20 Minuten weich kochen.

7 Die Tomaten an der Unterseite kreuzweise einschneiden, in kochendem Wasser kurz überbrühen, abschrecken und abziehen. Das Fruchtfleisch vierteln, entkernen und in Würfel schneiden. Die Würfel mit der Butter unter den Reis heben.

8 Das Fleisch aus der Sauce heben und warm halten. Die Sauce aufkochen, die Geflügelsauce einrühren und mit Salz und Pfeffer abschmecken. Anrichten und servieren.

3324 / 771 kJ / kcal
51 g Eiweiß
22 g Fett
74 g Kohlenhydrate
3 g Ballaststoffe

LEBKUCHENPARFAIT

Zutaten für 4 Portionen

150 g Lebkuchen ohne Schokoladenüberzug • 4 EL Rum • 5 Eigelbe • 100 g Zucker

250 g Sahne

Zubereitungszeit:
ca. 30 Minuten
Kühlzeit:
ca. 2 Stunden

Zubereitung

1 Den Lebkuchen fein zerbröseln und mit dem Rum übergießen. Die Eigelbe mit dem Zucker über einem Wasserbad cremig aufschlagen, dabei nicht kochen lassen.

2 Die Eiercreme vom Herd nehmen und mit den Quirlen des Handrührgeräts schlagen, bis sich das Volumen verdoppelt hat. Mit den eingeweichten Lebkuchen vermischen.

3 Die Sahne steif schlagen und unter die Eiermasse heben.

4 Eine Kastenform mit Frischhaltefolie auslegen, die Creme hineingießen und mindestens 2 Stunden gefrieren.

5 Das Parfait vor dem Servieren 10 Minuten in den Kühlschrank stellen, stürzen, die Folie abziehen und das Parfait in Scheiben schneiden.

2261 / 539 kJ / kcal
7 g Eiweiß
31 g Fett
50 g Kohlenhydrate
2 g Ballaststoffe

Das große Weihnachtsmenü (7 Gänge)

LACHS-FRISCHKÄSE-ROULADE

Zubereitungszeit:	*Zutaten für 4 Portionen*
ca. 20 Minuten	50 g Haselnüsse • 250 g Frischkäse • 2 EL Schmand • 1 EL Zitronensaft
Kühlzeit:	Salz, schwarzer Pfeffer • 1/2 Zwiebel • 2 Bund Schnittlauch • 150 g Räucherlachs
ca. 2 Stunden	150 g Graved Lachs • 100 g Feldsalat • 1 EL Distelöl

Zubereitung

1926 / 460 kJ / kcal
24 g Eiweiß
38 g Fett
5 g Kohlenhydrate
2 g Ballaststoffe

1 Die Haselnüsse reiben. Den Frischkäse mit Schmand, Zitronensaft und Haselnüssen verrühren und mit Salz und Pfeffer würzen.

2 Die Zwiebel abziehen und fein würfeln. Den Schnittlauch waschen, trockentupfen und in Röllchen schneiden.

3 Die Lachsscheiben in kleine Würfel schneiden.

4 Zwiebel, 1/4 des Schnittlauchs und den Lachs unter die Frischkäsemasse heben und etwa 2 Stunden in den Kühlschrank stellen.

5 Die Masse auf ein Stück Klarsichtfolie setzen, mit Hilfe der Folie zu einer Rolle formen und im restlichen Schnittlauch wälzen.

6 Die Wurzelenden und welke Blätter vom Feldsalat entfernen. Die Pflänzchen waschen und trockenschleudern. In kleinen Bouquets auf 4 kleinen Tellern anrichten und mit Distelöl beträufeln.

7 Die Lachsroulade mit einem in heißes Wasser getauchten Messer in Scheiben schneiden und an den Feldsalat anlegen.

BLAUSCHIMMELKÄSEBIRNE MIT BALSAMICOSCHINKEN

Zubereitungszeit:	*Zutaten für 4 Portionen*
ca. 25 Minuten	2 Birnen • 100 ml Weißwein • 80 g Blauschimmelkäse • 2 EL Sahne
	8 Scheiben luftgetrockneter italienischer Schinken • 2 EL Balsamicoessig

Zubereitung

1 Die Birnen schälen, halbieren, vom Kerngehäuse befreien und im Weißwein zugedeckt bei mittlerer Hitze 5 Minuten dünsten.

2 Den Blauschimmelkäse mit der Sahne verrühren. Die Birnen herausnehmen, abtropfen lassen und fächerartig aufschneiden. Mit der Blauschimmelkäsecreme überziehen und im Grill in 5 Minuten schmelzen lassen.

3 Eine beschichtete Pfanne auf mittlere Hitze erwärmen und den rohen Schinken hineingeben. Sofort wenden und mit dem Balsamicoessig ablöschen.

4 Jeweils 1 Birnenhälfte mit 2 Scheiben Schinken auf einem kleinen Teller anrichten.

752 / 179 kJ / kcal
11 g Eiweiß
10 g Fett
7 g Kohlenhydrate
1 g Ballaststoffe

LEICHTE KARTOFFELSUPPE MIT BRATWURSTKLÖSSCHEN

Zutaten für 4 Portionen

4 Kartoffeln • 1/2 Zwiebel • 2 EL Butter • 100 ml Weißwein • 200 ml Milch

300 ml Gemüsebrühe aus Würfeln • 6 Nürnberger Bratwürste • 2 EL Semmelbrösel

1 Eiweiß • 50 g Sahne • 200 ml Sekt • Salz, schwarzer Pfeffer

Zubereitungszeit:
ca. 40 Minuten

Zubereitung

1 Die Kartoffeln schälen und klein schneiden. Die Zwiebel abziehen und fein würfeln. Die Butter in einem Topf erhitzen und die Zwiebelwürfel darin kurz andünsten.

2 Die Kartoffeln dazugeben und umrühren. Mit dem Weißwein ablöschen und etwas einkochen. Mit Milch und Gemüsebrühe aufgießen und zugedeckt bei schwacher Hitze kochen, bis die Kartoffeln weich sind.

3 In der Zwischenzeit die Bratwürste längs aufschlitzen, die Bratwurstmasse aus dem Darm lösen und hacken. Die Masse mit Semmelbröseln, Eiweiß und Sahne im Mixer pürieren und im Kühlschrank kalt stellen.

4 Die Suppe mit einem Mixstab pürieren, nochmals aufkochen. Klößchen von 1 Zentimeter Durchmesser aus der Bratwurstmasse formen und in der Suppe bei schwacher Hitze in 10 Minuten gar ziehen lassen.

5 Den Sekt in die Suppe einrühren, erhitzen, abschmecken und in Suppentassen servieren.

1364 / 325 kJ / kcal
12 g Eiweiß
17 g Fett
19 g Kohlenhydrate
2 g Ballaststoffe

ROTBARSCH AUF ZUCCHININUDELN

Zubereitungszeit:
ca. 35 Minuten

Zutaten für 4 Portionen

2 Zucchini • 1/2 Zwiebel • 2 EL Butter • 100 ml Gemüsebrühe aus Würfeln • 150 g Sahne

2 TL Zitronensaft • Salz, schwarzer Pfeffer • 400 g Rotbarschfilets • 2 EL Mehl

2 EL Butterschmalz

Zubereitung

1476 / 352 kJ / kcal
24 g Eiweiß
25 g Fett
7 g Kohlenhydrate
1 g Ballaststoffe

1 Die Zucchini waschen, von Stiel- und Blütenansätzen befreien, längs erst in dünne Scheiben, dann in feine Streifen schneiden.

2 Die Zwiebel abziehen und fein würfeln Die Butter zerlassen und die Zwiebelwürfel darin glasig dünsten. Mit der Gemüsebrühe ablöschen, mit der Sahne aufgießen und auf 1/3 einkochen.

3 Die Zucchinistreifen in die Sauce geben und 3 Minuten bei schwacher Hitze darin ziehen lassen. Mit Zitronensaft, Salz und Pfeffer würzen.

4 Die Rotbarschfilets in insgesamt 8 Stücke teilen, salzen, pfeffern und im Mehl wenden. Das Butterschmalz erhitzen und die Fischstücke darin bei schwacher Hitze 6 Minuten braten. Nach der Hälfte der Garzeit wenden.

5 Die Zucchininudeln in der Mitte von 4 Tellern anrichten. Die Fischfilets kurz auf Küchenpapier abtropfen lassen und auf die Zucchini legen.

ZITRONENEISSORBET

Zubereitungszeit:
ca. 10 Minuten

Zutaten für 4 Portionen

4 Kugeln Zitroneneis (oder anderes Fruchteis) • 4 TL Zitronensaft • 400 ml Sekt

Zubereitung

577 / 138 kJ / kcal
1 g Eiweiß
1 g Fett
14 g Kohlenhydrate
1 g Ballaststoffe

1 Das Eis antauen lassen und auf 4 Sektkelche verteilen.

2 Den Zitronensaft zugeben und mit dem Sekt aufgießen. Das Eis leicht verrühren und das Sorbet mit einem langstieligen Löffel servieren.

ENTE MIT APFEL-LEBKUCHEN-SAUCE

Zutaten für 4 Portionen

2 Äpfel • 1 Zwiebel • 50 g Lebkuchen ohne Glasur • 2 EL Butterschmalz

150 ml Apfelsaft • 1 Packung Entenpfanne (2 Keulen, 2 Flügel, 1 ganze Brust)

Salz, schwarzer Pfeffer • 400 ml Gemüsebrühe aus Würfeln • 4 Trockenpflaumen

1 Packung Kartoffelknödel • 1 Glas Apfelrotkohl à 680 g

Zube___ __szeit:
ca. 1 Stunde
und 30 Minuten

Zubereitung

1 Die Äpfel schälen, vierteln, vom Kerngehäuse befreien und klein schneiden. Die Zwiebel abziehen und grob würfeln. Die Lebkuchen ebenfalls in Würfel schneiden.

2 Das Butterschmalz erhitzen und Apfel- und Zwiebelstücke darin bei mittlerer Hitze 4 Minuten anbraten. Den Lebkuchen zugeben, mit dem Apfelsaft aufgießen, aufkochen und in einen Bräter umfüllen.

3 Den Backofen auf 180 °C (Gas Stufe 2 – 3, Umluft 160 °C) vorheizen. Die Ententeile auf die Apfelstücke legen, mit Salz und Pfeffer würzen und im heißen Ofen 45 Minuten garen. Dabei nach und nach mit der Gemüsebrühe aufgießen und die Ente immer wieder mit dem Schmorfond begießen.

4 Die Temperatur auf 220 °C (Gas Stufe 4 – 5, Umluft 190 °C) erhöhen und die Ente weitere 15 Minuten braten.

5 In der Zwischenzeit die Trockenpflaumen in heißem Wasser einweichen, abtropfen lassen und klein würfeln. Die Knödelmasse nach Packungsanleitung anrühren, Knödel formen, etwas Pflaumen in die Mitte drücken und die Knödel nach Vorschrift gar ziehen lassen.

6 Den Rotkohl erwärmen.

7 Die Ententeile aus dem Bräter nehmen und warm stellen. Die Sauce pürieren, durch ein Sieb streichen, nochmals aufkochen und mit Salz und Pfeffer abschmecken.

8 Die Ententeile mit Sauce, Knödel und Rotkohl auf 4 Tellern anrichten und servieren.

3499 / 835 kJ / kcal
57 g Eiweiß
35 g Fett
70 g Kohlenhydrate
13 g Ballaststoffe

Klassisch: Ente mit Knödeln und Rotkohl.

MANDELHIPPEN MIT JOGHURTCREME

Zubereitungszeit:	*Zutaten für 4 Portionen*
ca. 25 Minuten	1 Banane • 400 g Vanillejoghurt • 75 g Haselnüsse • 50 g Walnüsse
Backzeit:	25 g weiße Schokolade • 3 EL Honig • 40 g gehobelte Mandeln • 60 Zucker
ca. 6 Minuten	30 g Joghurt • 2 EL Mehl • 2 EL Butter

Zubereitung

2468 / 590 kJ / kcal
10 g Eiweiß
34 g Fett
59 g Kohlenhydrate
6 g Ballaststoffe

1 Die Banane zerdrücken und mit dem Joghurt vermischen. Hasel- und Walnüsse hacken, die Schokolade raspeln und alles mit 2 Esslöffel Honig unter die Joghurtmasse heben.

2 Den Backofen auf 180 °C (Gas Stufe 2–3, Umluft 160 °C) vorheizen. Ein Backblech mit Backpapier auslegen. Die verbliebenen Zutaten vermischen und in einem kleinen Topf bei schwacher Hitze 5 Minuten unter Rühren erwärmen.

3 Die Masse in 4 Kreisen von 12 Zentimeter Durchmesser auf das Backpapier streichen und 6 Minuten im heißen Ofen backen. Die Kreise sofort vom Backpapier lösen, vorsichtig in große Tassen drücken, auf diese Weise Körbchen formen und erkalten lassen.

4 Die Mandelhippen mit der Joghurtcreme füllen und servieren.

Adventsmenü (4 Gänge)

PASSIERTE PAPRIKASUPPE

Zubereitungszeit:	*Zutaten für 4 Portionen*
ca. 50 Minuten	3 gelbe Paprika • 2 Kartoffeln • 1 Möhre • 1/2 Zwiebel • 2 EL Olivenöl
	800 ml Gemüsebrühe • 200 ml Milch • Salz, schwarzer Pfeffer • 2 EL Butter
	2 EL geriebener Parmesan

Zubereitung

1 Die Paprikaschoten waschen, halbieren, von Stielansätzen, weißen Zwischenwänden und Kernen befreien und in Stücke schneiden.

2 Kartoffeln und Möhre schälen und in Würfel schneiden. Die Zwiebel abziehen und fein würfeln.

3 Das Olivenöl erhitzen und die so vorbereiteten Zutaten darin bei mittlerer Hitze 2 Minuten unter Rühren anbraten. Mit der Gemüsebrühe aufgießen und 25 Minuten kochen.

4 Die Suppe mit einem Schneidstab pürieren und durch ein Sieb streichen.

5 Die Milch zugießen, die Suppe nochmals aufkochen und anschließend mit Salz und Pfeffer abschmecken.

6 Die Butter zugeben und die Suppe mit einem Schneidstab aufschlagen. Auf 4 Teller verteilen und mit Parmesan bestreut servieren.

1003 / 238 kJ / kcal
6 g Eiweiß
17 g Fett
15 g Kohlenhydrate
5 g Ballaststoffe

Marinierte Fischwürfel auf Wildreis

Zutaten für 4 Portionen

200 g Lachsfilet · 200 g Kabeljaufilet · 100 ml Wodka · 1 EL Zitronensaft · 2 EL Distelöl
200 g Bandnudeln · Salz · 2 EL Pflanzenöl · 2 EL Butter · schwarzer Pfeffer · 50 g Sahne
50 g Schmand

Zubereitungszeit:
ca. 35 Minuten
Ruhezeit:
ca. 30 Minuten

Zubereitung

1 Lachs und Kabeljau in ca. 2 Zentimeter große Würfel schneiden. Den Wodka mit Zitronensaft und Distelöl verrühren, über die Fischwürfel gießen und 30 Minuten im Kühlschrank marinieren.

2 In der Zwischenzeit die Bandnudeln nach Packungsanleitung in leicht gesalzenem Wasser in 8 bis 10 Minuten bissfest kochen. Abgießen, abschrecken und abtropfen lassen.

3 Die Fischwürfel auf Küchenpapier abtropfen lassen. Das Pflanzenöl erhitzen und die Fischwürfel darin bei mittlerer Hitze 4 Minuten unter vorsichtigem Rühren braten. Die Butter zugeben, zerlassen und mit 2 Esslöffel der Marinierflüssigkeit ablöschen. Mit Salz und Pfeffer würzen.

4 Die Nudeln mit Sahne und Schmand erwärmen und mit Salz abschmecken.

5 Die Bandnudeln jeweils in der Mitte von 4 Tellern anrichten und die Fischwürfel mit der Buttersauce darauf verteilen.

2345 / 560 kJ / kcal
26 g Eiweiß
27 g Fett
36 g Kohlenhydrate
3 g Ballaststoffe

POCHIERTE HÄHNCHENBRUST MIT ROTE-BETE-REIS

Zubereitungszeit:
ca. 45 Minuten

Zutaten für 4 Portionen

1/2 Bund Petersilie • 1 l Gemüsebrühe aus Würfeln • 100 ml Weißwein • 1 EL Zitronensaft

1 TL Weinessig • Pfeffer • 4 Hähnchenbrüste • 400 g Rote Bete aus dem Glas

1/2 Zwiebel • 4 EL Pflanzenöl • 120 g Reis • 4 EL Rotwein • 1 EL Butter • Salz

4 EL Schmand

Zubereitung

2214 / 528 kJ / kcal
33 g Eiweiß
26 g Fett
34 g Kohlenhydrate
4 g Ballaststoffe

1 Die Petersilie waschen, trockentupfen, die Blättchen abzupfen und hacken.

2 Die Hälfte der Gemüsebrühe mit Weißwein, Zitronensaft, Essig, Petersilie und etwas Pfeffer aufkochen. Die Hähnchenbrüste in die Brühe legen, die Temperatur reduzieren und das Fleisch 30 Minuten knapp unter dem Siedepunkt ziehen lassen.

3 In der Zwischenzeit die Rote Bete abtropfen lassen und 150 Gramm der Bete hacken. Die Zwiebel abziehen und fein würfeln.

Der festliche Höhepunkt des Adventsmenüs.

4 2 Esslöffel Pflanzenöl erhitzen und die Zwiebelwürfel darin glasig dünsten. Die gehackte Rote Bete und den Reis zugeben und kurz mitbraten. Mit dem Rotwein ablöschen und die

Flüssigkeit verdampfen lassen. Nach und nach die restliche Gemüsebrühe zugießen und den Reis in etwa 20 Minuten weich kochen. Die Butter unterziehen und mit Salz und Pfeffer würzen.

5 Das restliche Öl erhitzen und die Rote-Bete-Scheiben darin 3 Minuten bei schwacher Hitze braten. Mit Salz und Pfeffer würzen.

6 Die Hähnchenbrüste aus der Brühe heben und auf Küchenpapier abtropfen lassen. 2 Esslöffel der Brühe mit dem Schmand verrühren und mit Salz würzen.

7 Den Reis auf 4 Tellern anrichten und mit den gebratenen Rote-Bete-Scheiben umlegen. Die Hähnchenbrüste auf den Rote-Bete-Reis legen, mit dem Schmand überziehen und sofort servieren.

RUMTOPFZABAIONE

Zutaten für 4 Portionen

1 Apfel • 2 Klementinen • 4 Trockenpflaumen • 150 g Zucker • 100 ml brauner Rum

100 ml Rotwein • 200 ml Multivitaminsaft • 1 EL Zitronat • 1 EL Orangeat • 5 Eigelbe

1 Ei

Zubereitung

1 Den Apfel schälen, vierteln, vom Kerngehäuse befreien und in Spalten schneiden. Die Klementinen schälen und in Segmente zerteilen. Die Trockenpflaumen halbieren.

2 100 Gramm Zucker mit Rum, Rotwein, Multivitaminsaft, Zitronat und Orangeat verrühren, aufkochen und über die Früchte gießen. Über Nacht ziehen lassen.

3 Die Früchte in ein Sieb gießen und die Flüssigkeit dabei auffangen.

4 4 Eigelbe, Ei und restlichen Zucker in einer Edelstahlschüssel mit rundem Boden cremig rühren.

5 150 Milliliter der Rumtopfmarinade zugeben und über einem Wasserbad mit einem Schneebesen aufschlagen, bis die Zabaione schaumig und dick wird.

6 Die marinierten Früchte auf 4 Dessertschalen verteilen, die Zabaione darüber geben und sofort servieren.

Zubereitungszeit:
ca. 30 Minuten
Ruhezeit:
ca. 12 Stunden
(über Nacht)

1752 / 418 kJ / kcal
6 g Eiweiß
9 g Fett
59 g Kohlenhydrate
2 g Ballaststoffe

Das schnelle Menü (3 Gänge)

CHAMPIGNONCARPACCIO

Zubereitungszeit:
ca. 20 Minuten
Marinierzeit:
ca. 10 Minuten

1066 / 254 kJ / kcal
8 g Eiweiß
23 g Fett
2 g Kohlenhydrate
2 g Ballaststoffe

Zutaten für 4 Portionen

400 g Champignons • 150 ml Olivenöl • 1 rote Zwiebel • 1 TL getrocknete Küchenkräuter

50 ml Rotwein • 5 EL Weinessig • Zucker • Salz, schwarzer Pfeffer • 60 g Parmesan

Zubereitung

1 Die Champignons putzen, vom Stielende befreien und in Scheiben schneiden. 100 Milliliter Olivenöl erhitzen und die Champignons darin portionsweise bei mittlerer Hitze in 4 Minuten goldgelb und knusprig braten. Auf Küchenpapier abtropfen lassen.

2 Die Zwiebel abziehen, halbieren und in feine Ringe schneiden. Das restliche Olivenöl erhitzen und die Zwiebelringe darin 2 Minuten unter Rühren anbraten. Die Küchenkräuter zugeben, mit dem Rotwein ablöschen und die Flüssigkeit verdampfen lassen.

3 Zwiebeln vom Herd nehmen, Essig einrühren, mit Zucker, Salz und Pfeffer würzen.

4 Die Champignons auf 4 kleine Teller verteilen und mit der noch heißen Zwiebelmarinade übergießen. 10 Minuten ziehen lassen.

5 Den Parmesan hobeln und vor dem Servieren über die Pilze streuen.

SCHWEINEFILET MIT WALNUSSKRUSTE

Zubereitungszeit:
ca. 30 Minuten

Zutaten für 4 Portionen

100 g Walnusskerne • 225 g Butter • 3 Eigelbe • 100 g Semmelbrösel • 1 EL Honig

Salz, schwarzer Pfeffer • 1 großer Brokkoli • 2 EL Pflanzenöl

600 g Schweinefiletmedaillons • 50 g gehobelte Mandeln • 400 g Gnocchi

Zubereitung

1 Die Walnüsse fein hacken. 80 Gramm Butter schaumig schlagen, die Eigelbe einarbeiten, Walnüsse, 50 Gramm Semmelbrösel und Honig unterheben und würzen. Dann kühl stellen.

2 Den Brokkoli in Röschen zerteilen, in Salzwasser blanchieren, abgießen, abschrecken und abtropfen lassen.

3 Das Pflanzenöl erhitzen und die Schweinefiletmedaillons darin bei mittlerer Hitze 8 Minuten braten. Nach der Hälfte der Garzeit wenden.

4 Das Fleisch mit Salz und Pfeffer würzen, mit der Butter-Walnuss-Masse bestreichen und 5 Minuten im Grill überbacken.

5 In der Zwischenzeit 70 Gramm Butter zerlassen, die Mandeln darin leicht anrösten und die restlichen Semmelbrösel einrühren. Die Brokkoliröschen zugeben, in der Buttermischung wenden, erwärmen und mit Salz würzen.

6 Die Gnocchi nach Packungsanweisung in 2 Minuten gar kochen, abgießen und abtropfen lassen. Die restliche Butter zerlassen und die Gnocchi darin schwenken.

7 Die Schweinefiletmedaillons mit dem geschmelzten Brokkoli und den Buttergnocchi auf 4 Tellern anrichten.

4734 / 1130 kJ / kcal
49 g Eiweiß
85 g Fett
43 g Kohlenhydrate
9 g Ballaststoffe

SCHOKOLADENCREME

Zutaten für 4 Portionen

200 g Zartbitterschokolade • 2 EL Butter • 2 Eier • 400 g Sahne • 50 g Zucker

2 EL brauner Rum • 2 EL Puderzucker

Zubereitungszeit:
ca. 20 Minuten
Kühlzeit:
ca. 2 Stunden

Zubereitung

1 Die Schokolade grob hacken und mit der Butter über einem warmen Wasserbad schmelzen lassen.

2 Die Eier mit 3 Esslöffel Wasser über einem Wasserbad cremig schlagen, mit der Schokolade vermischen und abkühlen lassen.

3 Die Sahne steif schlagen und den Zucker dabei einrieseln lassen. Die Sahne unter die Schokoladenmasse ziehen und mit dem Rum würzen. In eine Schüssel füllen und mindestens 2 Stunden im Kühlschrank kalt stellen. (Die Creme kann 1 bis 2 Tage im Voraus zubereitet werden.)

4 Zum Servieren in 4 kleine Dessertschälchen füllen und mit Puderzucker bestäuben.

2965 / 707 kJ / kcal
10 g Eiweiß
54 g Fett
43 g Kohlenhydrate
6 g Ballaststoffe

INTERNATIONAL

In vielen Ländern der Erde wird Weihnachten mit einem traditionellen

Festessen gefeiert. Die beliebtesten Rezepte der Welt finden Sie hier.

Fröhliche Weihnacht, überall

Nicht nur bei uns ist Weihnachten der wichtigste Feiertag mit vielen Bräuchen und Traditionen. In allen christlichen Nationen ist Weihnachten ein großes Ereignis, das entsprechend gefeiert wird. Deshalb hat auch jedes Land etwas Besonderes beizusteuern, wenn es um die festliche Küche geht.

Wagen Sie doch einmal einen Blick in die Kochtöpfe unserer europäischen Nachbarn, oder richten Sie Ihren Blick weiter nach Amerika und Australien, und feiern Sie ein internationales Weihnachten.

MEXIKANISCHE HÄHNCHENPLATTE

Zubereitungszeit:
ca. 1 Stunde
und 20 Minuten

Zutaten für 4 Portionen

2 TK-Hähnchen, aufgetaut • Salz, schwarzer Pfeffer • 8 Tomaten • 2 Zwiebeln

2 EL mittelscharfer Senf • 80 ml Weißweinessig • 8 mittelgroße Kartoffeln

1 Dose Erbsen à 400 g • 2 EL Butter • Zucker • 4 Eier • 1 Kopf Eisbergsalat

Zubereitung

4142 / 989 kJ / kcal
87 g Eiweiß
52 g Fett
41 g Kohlenhydrate
12 g Ballaststoffe

1 Keulen, Schenkel und Flügel der Hähnchen abtrennen und die Brüste in jeweils 4 Stücke zerteilen. Die Hähnchenteile in einen großen Topf legen und mit Salz und Pfeffer würzen. Mit 500 Milliliter Wasser aufgießen und das Hähnchen zugedeckt bei schwacher Hitze etwa 30 Minuten dünsten.

2 Die Tomaten an der Unterseite kreuzweise einschneiden, in kochendem Wasser kurz überbrühen, abschrecken, abziehen, halbieren und entkernen. Die Zwiebeln abziehen, halbieren und in feine Ringe schneiden.

3 Senf mit Essig vermischen und in die Kochflüssigkeit einrühren. Die Hähnchenteile mit Tomaten und Zwiebeln belegen und zugedeckt weitere 30 Minuten garen. Eventuell etwas Wasser nachgießen.

4 In der Zwischenzeit die Kartoffeln waschen, schälen, halbieren und in Salzwasser in 30 Minuten weich kochen.

5 Die Erbsen abtropfen lassen und mit der Butter erwärmen. Mit Zucker, Salz und Pfeffer würzen.

6 Die Eier in 8 bis 10 Minuten hart kochen, abschrecken, pellen und vierteln.

7 Den Eisbergsalat in Blätter zerteilen, waschen, trockenschleudern und in breite Streifen schneiden.

8 Eine große Platte mit den Salatstreifen bedecken. Die Hähnchenteile aus der Brühe heben und in der Mitte des Salats anrichten. Mit Kartoffeln und Eiern umlegen. Tomaten und Zwiebeln auf das Fleisch legen und die Erbsen darüber streuen. Alles mit der Kochbrühe beträufeln und auf der Platte servieren.

NIEDERLÄNDISCHE EIWEISS-KARAMELL-CREME

Zutaten für 4 Portionen
125 g Haselnüsse • 600 g Zucker • 6 Eiweiße

Zubereitungszeit:
ca. 45 Minuten

Zubereitung

1 Den Backofen auf 180 °C (Gas Stufe 2 – 3, Umluft 160 °C) vorheizen. Die Haselnüsse darin 8 Minuten rösten, abkühlen lassen, die Haut abreiben und nochmals 5 Minuten rösten.

2 In der Zwischenzeit 125 Gramm Zucker mit 250 Milliliter Wasser in 15 Minuten zu einem hellen, zähflüssigen Karamell einkochen. Die gerösteten Haselnüsse untermischen, auf ein Backblech gießen und abkühlen lassen.

3 125 Gramm Zucker mit 250 Milliliter Wasser in einer Sauteuse von 1 Liter Inhalt zu hellbraunem Karamell kochen und mit 2 Esslöffel Wasser ablöschen.

4 Das Eiweiß steif schlagen und dabei nach und nach den restlichen Zucker einrieseln lassen. 1/3 des Eischnees auf den Karamell setzen, die Nussmasse darauf verteilen und mit dem restlichen Eischnee bedecken.

5 Die Temperatur des Backofens auf 200 °C (Gas Stufe 3 – 4, Umluft 180 °C) erhöhen und die Eiweiß-Karamell-Creme in einem Wasserbad 40 Minuten im heißen Ofen pochieren.

6 Die Creme mit einem Messer vom Topfrand lösen, auf eine Platte stürzen und abkühlen lassen.

3493 / 834 kJ / kcal
10 g Eiweiß
19 g Fett
153 g Kohlenhydrate
3 g Ballaststoffe

MEXIKANISCHER WEIHNACHTSSALAT

Zubereitungszeit:
ca. 25 Minuten

Zutaten für 4 Portionen

2 Äpfel • 2 Bananen • 2 EL Zitronensaft • 2 Orangen • 1 Glas Rote Bete à 520 g

1 Kopf Eisbergsalat • 3 EL geröstete Erdnüsse • 2 EL Zucker • Salz • 3 EL Weinessig

Zubereitung

1181 / 282 kJ / kcal
7 g Eiweiß
7 g Fett
46 g Kohlenhydrate
9 g Ballaststoffe

1 Die Äpfel waschen, vom Kerngehäuse befreien und in dünne Spalten schneiden. Die Bananen schälen und in Scheiben schneiden. Die Früchte mit Zitronensaft beträufeln.

2 Die Orangen so schälen, dass auch die weiße Haut entfernt ist, und in dünne Scheiben scheiden. Die Rote Bete abtropfen lassen.

3 Den Eisbergsalat in Blätter zerteilen, waschen, trockenschleudern und in feine Streifen schneiden.

4 Die Salatstreifen auf einer großen Platte auslegen und das Obst und die Rote Bete dekorativ bogenförmig darauf anrichten. Die Erdnüsse grob hacken und darüber streuen.

5 Zucker, Salz und Essig verrühren, bis sich der Zucker aufgelöst hat, und den Salat damit beträufeln.

PROVENÇALISCHES WEIHNACHTSGEMÜSE

Zubereitungszeit:
ca. 50 Minuten

Zutaten für 4 Portionen

6 große Knoblauchzehen • Salz • 2 Eigelbe • 250 ml Olivenöl • 1 TL Zitronensaft

1 gekochte Kartoffel • 50 g Oliven • 600 g mittelgroße Kartoffeln • 1 Blumenkohl

300 g Möhren • 6 Eier • 8 Scheiben Rote Bete

Zubereitung

1 3 Knoblauchzehen abziehen, grob hacken und mit 1/2 Teelöffel Salz in einem Mörser zu einer Paste zerreiben. Die Eigelbe mit der Knoblauchpaste mit einem Schneebesen oder den Quirlen des Handrührgeräts verschlagen. 125 Milliliter Olivenöl zuerst tropfenweise, dann in einem dünnen Strahl unter ständigem Rühren einarbeiten. Mit Zitronensaft würzen.

2 Die restlichen Knoblauchzehen abziehen, grob hacken und mit 1/2 Teelöffel Salz in einem Mörser zu einer Paste zerreiben. Das Olivenöl zuerst tropfenweise, dann in einem dünnen Strahl unter ständigem Rühren einarbeiten.

3 Die gekochte Kartoffel pellen und durch eine Kartoffelpresse drücken. Die Oliven abtropfen lassen, entsteinen und fein hacken. Kartoffelbrei und Oliven unter die Knoblauchpaste heben.

4 Die Kartoffeln in ca. 30 Minuten weich kochen, pellen und vierteln. Den Blumenkohl in Röschen zerteilen und in reichlich Salzwasser in 8 Minuten bissfest garen. Die Möhren schälen, schräg in dicke Scheiben schneiden und in Salzwasser 10 Minuten kochen. Die Eier in 8 Minuten hart kochen und pellen. Die Rote Bete abtropfen lassen.

5 Gemüse und Eier auf einer Platte anrichten und mit den Saucen servieren.

3732 / 891 kJ / kcal
20 g Eiweiß
77 g Fett
30 g Kohlenhydrate
10 g Ballaststoffe

SCHWEDISCHE NUSSKARTOFFELPUFFER MIT APFEL-QUARK-DIP

Zutaten für 4 Portionen

1 Zwiebel • 100 g Haselnüsse • 2 EL Walnusskerne • 1,2 kg Kartoffeln • 1 Ei • 2 EL Mehl

Salz, schwarzer Pfeffer • 50 ml Pflanzenöl • 500 g Sahnequark • 2 EL Honig

4 EL Apfelsaft • Saft von 1 Zitrone • 2 Äpfel

Zubereitungszeit:
ca. 50 Minuten

Zubereitung

1 Die Zwiebel abziehen und fein würfeln. Die Nüsse fein hacken. Die Kartoffeln waschen, schälen, raspeln und in einem Küchentuch ausdrücken. Die so vorbereiteten Zutaten mit Ei und Mehl vermischen und mit Salz und Pfeffer würzen.

2 Etwas Öl in einer großen Pfanne erhitzen, jeweils 1 Esslöffel der Kartoffelmasse in die Pfanne setzen, flach drücken und bei mittlerer Hitze auf jeder Seite 4 Minuten braten. Herausnehmen, auf Küchenpapier abtropfen lassen und im Backofen bei 100 °C warm halten. Auf diese Weise nacheinander 24 Puffer ausbacken.

3 Den Quark, Honig, Apfel- und Zitronensaft vermischen. Die Äpfel schälen, vierteln, vom Kerngehäuse befreien und würfeln.

4 Die Apfelwürfel unter den Quark heben und mit den Nusspuffern anrichten.

3244 / 775 kJ / kcal
23 g Eiweiß
46 g Fett
65 g Kohlenhydrate
9 g Ballaststoffe

Brasilianisches Weihnachtscouscous

Zubereitungszeit:
ca. 2 Stunden
Marinierzeit:
ca. 3 Stunden

Zutaten für 4 Portionen

1 Bund Petersilie • 1 Zwiebel • 100 g pürierte Tomaten • 2 EL Weinessig • 2 EL Zitronensaft

4 EL Olivenöl • 600 g Hähnchenbrust • 250 ml Hühnerbrühe aus Würfeln

2 Schinken-Pfefferlinge • 2 EL Pflanzenöl • 2 Eier • 300 g Mehl • Salz, schwarzer Pfeffer

150 g Butter • 2 Tomaten • 2 Orangen • 1 Dose Erbsen à 400 g • 1 Dose Mais à 300 g

Zubereitung

4937 / 1180 kJ / kcal
62 g Eiweiß
65 g Fett
85 g Kohlenhydrate
13 g Ballaststoffe

1 Die Petersilie waschen, trockentupfen, die Blätter abzupfen und hacken. Die Zwiebel abziehen und fein würfeln.

2 Tomaten, Essig, Zitronensaft, Olivenöl, Zwiebelwürfel und die Hälfte der Petersilie aufkochen, über die Hähnchenbrust gießen und 3 Stunden bei Zimmertemperatur marinieren.

3 Die Brühe zur Marinade geben und die Hähnchenbrust zugedeckt bei schwacher Hitze 25 Minuten in der Marinade schmoren. Das Fleisch herausnehmen und in Streifen schneiden. Die Marinade durch ein Sieb gießen und das Hähnchenfleisch wieder in die Flüssigkeit legen.

4 Die Pfefferlinge in 3 Millimeter dicke Scheiben schneiden. Das Pflanzenöl erhitzen und die Scheiben darin knusprig braun braten. Die Eier in 8 Minuten hart kochen, abschrecken und pellen.

5 Das Mehl in eine beschichtete Pfanne geben, unter ständigem Rühren 5 Minuten erhitzen, Salz zugeben und nach und nach 150 Milliliter Wasser einrühren. Bei schwacher Hitze 2 Minuten ziehen lassen, bis die Flüssigkeit absorbiert ist. Vom Herd nehmen und mit Pfeffer würzen.

6 125 Gramm Butter zerlassen und mit der restliche Petersilie unter das Mehl heben. Die Mehlmasse nach und nach unter das Hähnchenfleisch und die Marinade heben. Die Wurstscheiben zugeben.

7 Die Tomaten waschen, vom Stielansatz befreien und in Scheiben schneiden. Die Orangen so schälen, dass auch die weiße Haut entfernt ist, und in Scheiben schneiden. Die Eier ebenfalls in Scheiben schneiden.

8 Einen halbrunden, fein gelöcherten Durchschlag gut buttern. Dekorativ mit Tomaten-, Orangen- und Eierscheiben auslegen. Abwechselnd mit Schichten der Hähnchen-Mehl-Mischung und Erbsen, Mais sowie restliche Tomaten, Orangen und Eier füllen. Oben fest mit Alufolie verschließen.

9 Den Durchschlag in einen Topf mit Wasser hängen. Zwischen Wasser und Durchschlag sollte ein Abstand von 4 Zentimetern sein. Das Wasser aufkochen und das Couscous zugedeckt bei schwacher Hitze 50 Minuten dämpfen. Ab und zu den Wasserstand überprüfen.

10 Das Couscous auf eine Platte stürzen und sofort servieren.

AUSTRALISCHE LAMMSTEAKS AUF ZITRONENSPINAT

Zutaten für 4 Portionen

2 EL Sultaninen • 50 ml Weißwein • 1 Zwiebel • 1 Knoblauchzehe • 1 EL Butterschmalz

2 Packungen Rahmspinat à 300 g • 2 EL Zitronensaft • Salz, schwarzer Pfeffer

2 EL Olivenöl • 800 g Lammsteaks

Zubereitung

1 Die Sultaninen mit dem Weißwein übergießen und 15 Minuten einweichen.

2 Die Zwiebel abziehen und fein würfeln. Die Knoblauchzehe abziehen und durch die Presse drücken. Das Butterschmalz erhitzen und die Zwiebelwürfel darin glasig dünsten. Erst den Knoblauch, anschließend den Spinat zugeben und erhitzen.

3 Die Sultaninen mit dem Weißwein und den Zitronensaft unter den Spinat rühren und mit Salz und Pfeffer abschmecken.

4 Das Olivenöl erhitzen und die Lammsteaks darin bei mittlerer Hitze 8 Minuten braten. Nach der Hälfte der Garzeit wenden.

5 Den Spinat und die Lammsteaks auf 4 Tellern anrichten und sofort servieren.

Zubereitungszeit: ca. 30 Minuten

2320 / 554 kJ / kcal
41 g Eiweiß
37 g Fett
10 g Kohlenhydrate
5 g Ballaststoffe

Köstliche Lammsteaks von »Down Under«.

Schottischer Räucherlachs auf Roter Bete

Zubereitungszeit:
ca. 30 Minuten

Zutaten für 4 Portionen

1 Zwiebel • 2 EL Butter • 2 EL Zucker • 800 g Rote Bete aus dem Glas • 200 ml Rotwein

1 EL Rotweinessig • Salz, schwarzer Pfeffer • 300 g Räucherlachs

Zubereitung

1162 / 277 kJ / kcal
18 g Eiweiß
9 g Fett
23 g Kohlenhydrate
5 g Ballaststoffe

1 Die Zwiebel abziehen und fein würfeln. Die Butter erhitzen und die Zwiebelwürfel darin bei schwacher Hitze glasig dünsten. Den Zucker darüber streuen und unter Rühren schmelzen lassen.

2 Die Rote-Bete-Scheiben abtropfen lassen und zu den Zwiebeln geben. Durchrühren und mit dem Rotwein aufgießen. Aufkochen und die Flüssigkeit bei mittlerer Hitze einkochen. Mit Essig, Salz und Pfeffer würzen.

3 Die Rote Bete jeweils auf einer Seite von 4 Tellern anrichten und die Räucherlachsscheiben anlegen.

Neuenglische Putenbrustmedaillons mit Preiselbeersauce

Zubereitungszeit:
ca. 30 Minuten

Zutaten für 4 Portionen

160 g Zucker • Saft von 2 Orangen • 100 ml Rotwein • 250 g Preiselbeeren aus dem Glas

2 TL Sahnemeerrettich aus dem Glas • 2 EL Butter • Salz, schwarzer Pfeffer

2 EL Pflanzenöl • 800 g mariniertes Putenfilet

Zubereitung

2307 / 552 kJ / kcal
49 g Eiweiß
12 g Fett
55 g Kohlenhydrate
2 g Ballaststoffe

1 Den Zucker in einem flachen Topf goldbraun karamellisieren lassen. Mit Orangensaft und Rotwein ablöschen und bei mittlerer Hitze so lange kochen, bis er sich aufgelöst hat.

2 Die Preiselbeeren und den Sahnemeerrettich zugeben, verrühren und in 5 Minuten dicklich einkochen lassen. Nach und nach die Butter unter die Sauce ziehen und anschließend mit Salz und Pfeffer würzen.

3 Das Pflanzenöl erhitzen und die Putenfilets darin bei mittlerer Hitze 8 Minuten braten. Nach der Hälfte der Garzeit wenden.

4 Die Putenbrustmedaillons auf 4 Tellern anrichten und anschließend mit der Preiselbeersauce überziehen.

NORWEGISCHE LACHSTALER

Zutaten für 4 Portionen

500 g Lachsfilet • 1/2 Stange Lauch (weißer Teil) • 1/2 Bund Petersilie

120 g Semmelbrösel • 2 Eier • 40 g Butter • 2 EL Mayonnaise • 1 EL mittelscharfer Senf

Saft von 1 Zitrone • Salz, schwarzer Pfeffer • 2 rote Paprika • 100 g Sahne

4 EL Pflanzenöl

Zubereitungszeit: ca. 1 Stunde

Zubereitung

1 Das Lachsfilet erst in Streifen schneiden, dann hacken. Den Lauch putzen, längs vierteln und in feine Ringe schneiden. Die Petersilie waschen, trockentupfen, die Blätter abzupfen und hacken.

2 Lachsfleisch, Lauch und Petersilie mit 80 Gramm Semmelbröseln, Eiern, Butter, Mayonnaise, Senf und Zitronensaft zu einem festen Teig verarbeiten, mit Salz und Pfeffer würzen und 30 Minuten kühl stellen.

3 In der Zwischenzeit den Backofen auf 200 °C (Gas Stufe 3 – 4, Umluft 180 °C) vorheizen und die Paprikaschoten darin unter mehrmaligem Wenden garen, bis die Haut aufspringt.

4 Die Paprikaschoten in einem Plastikbeutel etwas abkühlen lassen, die Haut abziehen, von Stielansätzen, weißen Zwischenwänden und Kernen befreien und mit der Sahne pürieren. Mit Salz und Pfeffer würzen.

5 Aus der Lachsmasse runde, flache Taler mit 4 Zentimeter Durchmesser formen und mit den restlichen Semmelbröseln panieren.

6 Das Pflanzenöl erhitzen und die Lachstaler bei mittlerer Hitze auf jeder Seite etwa 4 Minuten braten.

7 Die Paprikacreme als Spiegel auf 4 Teller geben und die Lachstaler darauf setzen.

2696 / 644 kJ / kcal
32 g Eiweiß
43 g Fett
31 g Kohlenhydrate
4 g Ballaststoffe

STRESSFREI

Wer wenig Zeit zum Einkaufen und Kochen hat, kann auch ganz entspannt

zum Kochlöffel greifen. Festliche Rezepte für die Last-Minute-Küche.

Festliche Gerichte schnell und einfach zubereitet

In der heutigen Zeit gehört Stress fast schon zu Weihnachten wie der Christbaum, Geschenke und Weihnachtslieder. So vieles ist zu tun – Geschenke besorgen, Plätzchen backen, den Weihnachtsbaum schmücken und die Feiertage planen, denn schließlich will man ja ein schönes Weihnachten feiern. Und dazu gehört natürlich auch gutes Essen.

Eine Mahlzeit, die den Feiertagen angemessen ist, muss aber nicht unbedingt aufwändig und stressig sein. ALDI hilft Ihnen beim Einkaufen und die folgenden Vorschläge beim Kochen, damit Sie wieder etwas Ruhe und Besinnlichkeit finden.

CHICORÉERAHMSUPPE MIT BIRNEN UND HASELNÜSSEN

Zubereitungszeit:
ca. 45 Minuten

Zutaten für 4 Portionen

1 Zwiebel • 600 g Chicorée • 2 Birnen • 2 EL Butter • 125 ml Weißwein • 250 ml Apfelsaft

400 g Sahne • 75 g Haselnüsse • 1 Bund Schnittlauch • 1 EL Zitronensaft

Salz, schwarzer Pfeffer

Zubereitung

2332 / 556 kJ / kcal
7 g Eiweiß
46 g Fett
23 g Kohlenhydrate
5 g Ballaststoffe

1 Die Zwiebel abziehen und fein würfeln. Den Chicorée bis auf 1 Staude halbieren, vom Strunk befreien und klein schneiden. Die Birnen schälen, vierteln, vom Kerngehäuse befreien und 6 Viertel würfeln.

2 Die Butter erhitzen und die Zwiebelwürfel darin glasig dünsten. Chicorée- und Birnenwürfel zugeben und kurz mitbraten. Mit dem Weißwein ablöschen.

3 Den Chicorée mit Apfelsaft und 300 Gramm Sahne aufgießen und zugedeckt bei schwacher Hitze 15 Minuten kochen.

4 Die Haselnüsse hacken. Den Schnittlauch waschen, trockentupfen und in Röllchen schneiden. Den Strunk des verbliebenen Chicorée keilförmig ausschneiden und die Blätter in ca. 5 Millimeter breite Streifen schneiden. Die restlichen Birnenviertel in Scheiben schneiden. Die restliche Sahne steif schlagen.

5 Die Hälfte des Schnittlauchs in die Suppe geben, diese pürieren und durch ein Sieb streichen. Haselnüsse, Chicoréestreifen und Birnenscheiben hinzufügen, aufkochen und mit Zitronensaft, Salz und Pfeffer würzen.

6 Die geschlagene Sahne unterheben, die Suppe auf 4 tiefe Teller verteilen und mit Schnittlauch bestreut servieren.

WILDREISPFANNE MIT ITALIENISCHEM SCHINKEN UND RÄUCHERLACHS

Zutaten für 4 Portionen

1 kleine Zwiebel • 6 EL Olivenöl • 250 Langkorn-Wildreis-Mischung

1 TL getrocknete Küchenkräuter • 2 EL Sherry • 1 Glas Spargel à 370 g

100 ml Gemüsebrühe • 1 Dose Erbsen à 400 g • 2 EL Butter • 300 g Champignons

Salz, schwarzer Pfeffer • 100 g luftgetrockneter italienischer Schinken

100 g Räucherlachs

Zubereitungszeit:
ca. 35 Minuten

Zubereitung

1 Die Zwiebel abziehen und fein würfeln. 2 Esslöffel Olivenöl in einem Topf erhitzen und die Zwiebel darin andünsten. Den Reis und die Küchenkräuter zugeben und unter Rühren mitbraten. Mit dem Sherry ablöschen. Mit 500 Milliliter Wasser aufgießen und zugedeckt bei schwacher Hitze 20 Minuten ziehen lassen.

2 Den Spargel abtropfen lassen und die Stangen dritteln. 2 Esslöffel Olivenöl erhitzen, den Spargel kurz anbraten, mit der Gemüsebrühe aufgießen und zugedeckt 5 Minuten ziehen lassen. Die Erbsen abtropfen lassen und in der Butter erwärmen.

3 In der Zwischenzeit die Champignons putzen und in Scheiben schneiden. Im restlichen Olivenöl braten.

4 Den Reis mit Salz und Pfeffer abschmecken und auf 4 Teller verteilen. Spargel, Erbsen und Pilze vermischen, mit Salz und Pfeffer würzen und auf dem Reis anrichten.

5 Schinken und Räucherlachs in lange, feine Streifen schneiden und die Reispfanne damit garnieren.

2481 / 592 kJ / kcal
24 g Eiweiß
28 g Fett
59 g Kohlenhydrate
9 g Ballaststoffe

ORANGENNUDELN

Zubereitungszeit:
ca. 35 Minuten

Zutaten für 4 Portionen

500 g Bandnudeln • Salz • 2 Orangen • 200 g Sahne • 400 ml Orangensaft

Pfeffer • Paprikapulver edelsüß • Zucker • 50 g gehobelte Mandeln

100 g luftgetrockneter Bauernschinken • 2 EL geschlagene Sahne

Zubereitung

3243 / 774 kJ / kcal
26 g Eiweiß
28 g Fett
101 g Kohlen-
hydrate
10 g Ballaststoffe

1 Die Bandnudeln in leicht gesalzenem Wasser in 8 bis 10 Minuten al dente garen.

2 Die Orangen mit der weißen Haut schälen, die Filets aus den Zwischenwänden schneiden, den Saft dabei auffangen und für die Sauce verwenden.

3 Die Sahne mit dem Orangensaft auf die Hälfte einkochen und würzen.

4 Die Mandeln in einer beschichteten Pfanne ohne Fettzugabe leicht anrösten. Den Bauernschinken in feine Streifen schneiden.

5 Die Bandnudeln in die Sauce geben und unter Rühren erwärmen. Schinkenstreifen und Orangenfilets unterheben, mit Mandeln und Sahne servieren.

ENTENBRUST MIT APFEL-SPECK-SAUCE

Zubereitungszeit:
ca. 30 Minuten

Zutaten für 4 Portionen

2 Äpfel • 1/2 Zwiebel • 100 g gewürfelter Bauchspeck • 4 EL Pflanzenöl

300 ml Cidre oder Apfelsaft • 800 g Entenbrust • Salz, schwarzer Pfeffer

400 g frische Gnocchi • 4 EL Butter • 50 ml Cognac

Zubereitung

4291 / 1023 kJ / kcal
41 g Eiweiß
80 g Fett
31 g Kohlenhydrate
3 g Ballaststoffe

1 Die Äpfel schälen, vierteln, vom Kerngehäuse befreien und würfeln. Die Zwiebel abziehen und fein würfeln.

2 Den Bauchspeck bei mittlerer Hitze unter Rühren auslassen, 2 Esslöffel Pflanzenöl zugeben und die Zwiebelwürfel darin glasig dünsten. Die Apfelstücke hinzufügen, mit dem Cidre oder Apfelsaft aufgießen und kurz aufkochen.

3 Den Backofen auf 200 °C (Gas 3 – 4, Umluft 180 °C) vorheizen. Die Entenbrust auf der Fettseite mehrmals schräg einschneiden und rundum salzen und pfeffern.

4 Das restliche Öl bei starker Hitze heiß werden lassen und die Entenbrust auf der Fettseite kräftig anbraten. Wenden und auf der Unterseite ebenfalls kurz anbraten.

5 Die Entenbrust auf die Apfelsauce legen und 16 Minuten im Ofen braten.

6 In der Zwischenzeit die Gnocchi 2 Minuten in leicht gesalzenem Wasser kochen. Abgießen, die Butter erhitzen und die Gnocchi darin in 4 Minuten goldbraun braten.

7 Die Entenbrust aus der Pfanne nehmen und warm halten. Die Apfelsauce mit Cognac, Salz und Pfeffer würzen und mit den gebratenen Gnocchi und der Entenbrust anrichten.

SCHINKENSTEAKS MIT ORANGEN

Zutaten für 4 Portionen

3 Orangen • 200 g Frischkäse • 1 EL Honig • 2 EL brauner Rum • 16 Scheiben gekochter Delikatess-Hinterschinken (ca. 800 g) • Salz, schwarzer Pfeffer • 2 EL Butterschmalz 50 ml Rotwein • 250 ml gekörnte Brühe • 1 Portion Instantbratensauce (für 250 ml)

Zubereitung

1 2 Orangen ganz schälen, in Scheiben scheiden. Die dritte Orange auspressen.

2 Den Frischkäse mit Honig, Rum und 1 Esslöffel Orangensaft verrühren. Jede Schinkenscheibe halbieren und die Hälften aufeinander legen. Jeweils 3 dieser Doppelscheiben Schinken dünn mit der Frischkäsecreme bestreichen und mit einer vierten Scheibe abdecken. Auf diese Weise 4 Schinkensteaks herstellen und mit Salz und Pfeffer würzen.

3 Das Butterschmalz erhitzen und die Schinkensteaks darin bei mittlerer Hitze 6 Minuten braten. Nach der Hälfte der Garzeit vorsichtig wenden.

4 Die Schinkensteaks aus der Pfanne nehmen und warm halten. Den Bratansatz mit dem Rotwein ablöschen, mit der Brühe und restlichem Orangensaft aufgießen, die Orangenscheiben zugeben und aufkochen. Die Instantbratensauce einrühren.

5 Die Schinkensteaks auf 4 Tellern anrichten, mit den Orangenscheiben umlegen und mit der Sauce übergießen.

Zubereitungszeit: ca. 30 Minuten

2534 / 605 kJ / kcal
51 g Eiweiß
35 g Fett
15 g Kohlenhydrate
2 g Ballaststoffe

Garnelenkoteletts mit Tatarsauce

Zubereitungszeit:
ca. 30 Minuten

Zutaten für 4 Portionen

1/2 Zwiebel • 1 Gewürzgurke • 1/2 Bund Petersilie • 1 TL mittelscharfer Senf

200 g Mayonnaise • 1 TL Weinessig • 2 EL Zitronensaft • Paprikapulver edelsüß

Salz, schwarzer Pfeffer • 500 g Garnelenschwänze • 50 g Cashewkerne

150 g Semmelbrösel • 1 TL Grillgewürzmischung • 2 Eier • 50 g Speisestärke

4 EL Butterschmalz

Zubereitung

2855 / 682 kJ / kcal
19 g Eiweiß
46 g Fett
48 g Kohlenhydrate
3 g Ballaststoffe

1 Die Zwiebel abziehen und fein würfeln. Die Gewürzgurke erst in Scheiben schneiden, dann fein hacken. Die Petersilie waschen, trockentupfen, die Blätter abzupfen und hacken.
2 Senf, Mayonnaise, Essig und 1 Esslöffel Zitronensaft verrühren, Zwiebel, Gurke und Petersilie unterheben und mit Paprikapulver, Salz und Pfeffer würzen.
3 Die Garnelenschwänze am Rücken einritzen, vom Darmfaden befreien, von der Unterseite einschneiden, bis man sie aufklappen kann, mit dem restlichen Zitronensaft beträufeln und mit Salz und Pfeffer würzen.

Geht schnell und ist einfach köstlich: Garnelenkoteletts.

4 Die Cashewkerne fein hacken und mit Semmelbrösel und Grillgewürz mischen. Die Eier verschlagen. Die Garnelenkoteletts in der Speisestärke wenden, durch das Ei ziehen und mit der Semmelbröselmischung panieren.

5 Das Butterschmalz in einer großen Pfanne erhitzen und die Garnelen darin bei mittlerer Hitze 4 Minuten braten. Nach der Hälfte der Garzeit wenden.

6 Die Tartarsauce nochmals durchrühren, auf 4 Teller jeweils in die Mitte setzen und mit den Garnelenkoteletts umlegen.

STEAKBURGER MIT MARINIERTEN ZWIEBELN

Zutaten für 4 Portionen

2 rote Zwiebeln • 1 EL Balsamicoessig • 2 EL Olivenöl • 1 EL Tomatenketchup

1/2 TL mittelscharfer Senf • Grillgewürzmischung • Salz, schwarzer Pfeffer

2 Tomaten • 1/2 Kopf Eisbergsalat • 4 Rinderhüftsteaks • 2 EL Pflanzenöl • 100 g Feta

4 Baguettebrötchen • 4 EL Butter

Zubereitungszeit:
ca. 35 Minuten
Marinierzeit:
ca. 30 Minuten

Zubereitung

1 Die Zwiebeln abziehen, halbieren und in feine Ringe schneiden. Mit 500 Milliliter kochendem Wasser übergießen und 10 Minuten ziehen lassen.

2 In der Zwischenzeit für die Marinade Balsamicoessig, Olivenöl, Ketchup und Senf verrühren und mit Grillgewürz, Salz und Pfeffer würzen.

3 Die Zwiebeln abgießen, abtropfen lassen und die Marinade unterheben. Die Zwiebeln 30 Minuten bei Zimmertemperatur ziehen lassen.

4 Die Tomaten waschen, von den Stielansätzen befreien und in Scheiben schneiden. Den Salat in Blätter zerteilen, waschen, trockenschleudern und in breite Streifen schneiden.

5 Die Steaks in 2 dünne Scheiben schneiden. Das Pflanzenöl erhitzen und die Steaks darin bei starker Hitze auf jeder Seite 2 Minuten braten.

6 Den Feta in dünne Scheiben schneiden, die Steaks damit belegen und den Käse im Grill schmelzen lassen.

7 Die Brötchen mit Butter bestreichen und auf der gebutterten Seite anrösten.

8 Die unteren Baguettehälften mit Salat und Tomaten belegen, die marinierten Zwiebeln darauf verteilen und jeweils 2 Steaks darauf setzen. Mit den oberen Brötchenhälften abdecken.

2770 / 661 kJ / kcal
46 g Eiweiß
33 g Fett
45 g Kohlenhydrate
4 g Ballaststoffe

BANDNUDELN MIT ZWEIERLEI LACHS

Zubereitungszeit:
ca. 25 Minuten

Zutaten für 4 Portionen

500 g Lauch • Salz • 500 g Lachsfilet • 2 EL Zitronensaft • 250 g Räucherlachs

400 g Sahne • 100 ml Weißwein • Pfeffer • 500 g Bandnudeln • 2 EL Butter

Zubereitung

4280 / 1022 kJ / kcal
55 g Eiweiß
46 g Fett
92 g Kohlenhydrate
8 g Ballaststoffe

1 Den Lauch putzen, waschen und den weißen und hellgrünen Teil schräg in 1 Zentimeter breite Ringe schneiden. 2 Minuten in kochendem Salzwasser blanchieren, abgießen.

2 Das Lachsfilet in Streifen schneiden, mit 1 Esslöffel Zitronensaft beträufeln, mit Salz bestreuen und etwas ziehen lassen. Den Räucherlachs ebenfalls in Streifen schneiden.

3 Die Sahne mit dem Weißwein aufkochen und um 1/3 einkochen lassen. Mit dem restlichen Zitronensaft, Salz und Pfeffer würzen. Vom Herd nehmen und die Lachsfiletstreifen hineingeben.

4 Die Bandnudeln in leicht gesalzenem Wasser in 8 bis 10 Minuten bissfest kochen, abgießen und abtropfen lassen. Die Butter zerlassen und die Nudeln darin schwenken.

5 Lauch und Räucherlachs in die Sahnesauce geben und die Sauce nochmals erwärmen.

6 Die Bandnudeln auf 4 tiefe Teller verteilen und die Sauce darüber geben.

ROTBARSCHFILET AUS DER FOLIE

Zubereitungszeit:
ca. 35 Minuten

Zutaten für 4 Portionen

3 Scheiben Knäckebrot • 100 g Kräuterbutter • 2 EL Pflanzenöl • 4 Rotbarschfilets à 150 g

Zitronensaft • Salz, schwarzer Pfeffer • 2 Tomaten • 2 Packungen Rahmspinat

Zubereitung

1 Das Knäckebrot in einen festen Gefrierbeutel geben und mit einem Nudelholz fein zerdrücken. Die Brösel mit der weichen Kräuterbutter verkneten.

2 4 große Stücke Alufolie auf der glänzenden Seite mit dem Öl bepinseln. Den Rotbarsch abspülen, trockentupfen, mit Zitronensaft beträufeln und mit Salz und Pfeffer würzen. Die

Filets auf die Folie legen, mit der Brösel-Butter-Mischung bedecken und die Folie über dem Fisch verschließen.

3 Den Backofen auf 200 °C (Gas Stufe 3 – 4, Umluft 180 °C) vorheizen und die Fischpäckchen darin 20 Minuten garen.

4 Die Tomaten an der Unterseite kreuzweise einschneiden, in kochendem Wasser kurz überbrühen, abschrecken und abziehen. Das Fruchtfleisch vierteln, entkernen und in Würfel schneiden.

5 Den Spinat erwärmen und die Tomatenwürfel unterheben. Anschließend mit Salz und Pfeffer abschmecken.

6 Den Spinat auf 4 Teller geben, die Fischfilets auspacken und auf den Spinat setzen.

1902 /
37 g Ei
30 g Fett
8 g Kohlenhydrate
5 g Ballaststoffe

Schweinefilet im Blätterteig

Zutaten für 4 Portionen

50 g Walnüsse • 100 g luftgetrockneter Bauernschinken • 200 g Frischkäse • 50 g Sahne

1 TL Balsamicoessig • Salz, schwarzer Pfeffer • 2 EL Pflanzenöl

12 Schweinefiletmedaillons • 1 Packung frischer Blätterteig • 1 Eigelb

Zubereitungszeit:
ca. 25 Minuten
Backzeit:
ca. 20 Minuten

Zubereitung

1 Die Walnüsse hacken. Den Schinken würfeln. Den Frischkäse mit der Sahne verrühren und Walnüsse sowie Schinkenstreifen unterheben. Mit Essig, Salz und Pfeffer würzen.

2 Das Pflanzenöl erhitzen und die Schweinefiletmedaillons darin bei mittlerer Hitze auf jeder Seite 2 Minuten anbraten.

3 Den Blätterteig ausrollen und in 12 Quadrate teilen. Die Quadrate in der Mitte mit dem Frischkäse bestreichen, die Schweinefiletmedaillons darauf setzen und die Ecken über dem Fleisch zusammenführen. Die Blätterteigtaschen mit dem Eigelb bestreichen.

4 Den Backofen auf 200 °C (Gas Stufe 3 – 4, Umluft 180 °C) vorheizen. Ein Backblech mit Backpapier auslegen, die Blätterteigtaschen darauf setzen und im heißen Ofen 20 Minuten backen.

5 Anrichten und servieren.

4058 / 870 kJ / kcal
53 g Eiweiß
65 g Fett
43 g Kohlenhydrate
3 g Ballaststoffe

Kuchen und Torten

An Weihnachten nimmt man sich Zeit füreinander. Bei Kaffee, Tee und

Kuchen kann man wunderbar erzählen.

Süße Weihnacht

Weihnachten ist nicht nur die Zeit der besinnlichen Abende mit Plätzchen und die Zeit der großartigen Menüs. Weihnachten ist auch die Zeit der langen Kaffeenachmittage. Beim Fest der Freude und der Liebe darf man auch mit regem Besuch von Verwandten und Freunden rechnen. Da die Abende in der Regel für die Familie reserviert sind, bietet sich deshalb ein Nachmittagsbesuch mit gemütlichem Plausch zum Kaffee oder Tee an.

Aber was hilft die köstlichste Tasse Kaffee ohne ein passendes Stück Kuchen dazu? Im Folgenden finden Sie einige Rezepte für Torten und Kuchen, die besonders gut in die Advents- und Weihnachtszeit passen.

Zitronencremekuchen mit Baiserhaube

Zubereitungszeit:
ca. 25 Minuten
Ruhezeit:
ca. 1 Stunde
Backzeit:
ca. 30 Minuten

Zutaten für 12 Stücke

Pie-Boden
250 g Mehl • 2 EL Zucker • 125 g kalte Butter • 1 TL Öl • 1 Eigelb

Füllung
350 g Zucker • 6 EL Speisestärke • 4 Eier • 2 EL Butter • 1 Päckchen Vanillezucker
120 ml Zitronensaft • 2 EL Zitronat • Salz

Zubereitung

1525 / 364 kJ / kcal
5 g Eiweiß
13 g Fett
55 g Kohlenhydrate
1 g Ballaststoffe

1 Für den Pie-Boden das Mehl in eine Schüssel sieben, Zucker zugeben, die Butter in Flöckchen darauf setzen und mit den Fingern einarbeiten. Öl, Eigelb und 3 Esslöffel kaltes Wasser zufügen und alles rasch zu einem krümeligen Teig verkneten. Zu einer Kugel formen, in Frischhaltefolie einwickeln und 1 Stunde im Kühlschrank ruhen lassen.

2 Den Backofen auf 180 °C (Gas Stufe 2 – 3, Umluft 160 °C) vorheizen. Den Teig auf einer bemehlten Arbeitsfläche ausrollen. In eine Pie-Form heben, den überstehenden Rand abschneiden und den Boden mit Trockenerbsen füllen. Im heißen Ofen 10 Minuten vorbacken. Die Erbsen entfernen.

3 300 Gramm Zucker, Speisestärke und 500 Milliliter Wasser bei mittlerer Hitze unter ständigem Rühren kochen, bis kleine Blasen erscheinen und die Flüssigkeit klar wird.

4 Die Eier trennen. Die Eigelbe verschlagen und mit Butter und 1 Teelöffel Vanillezucker in die Zuckerlösung geben. Nochmals aufkochen, Zitronensaft und Zitronat einrühren und auf den Pie-Boden gießen.

5 Das Eiweiß unter Zugabe von Salz, dem restlichen Zucker und Vanillezucker zu einem steifen Eischnee schlagen. Die Baisermasse über der Füllung verteilen. Die Temperatur des Ofens auf 160 °C (Gas Stufe 2, Umluft 130 °C) verringern und den Kuchen darin 15 bis 20 Minuten backen, bis der Baiser hellbraun ist.

WALNUSSKUCHEN

Zutaten für 12 Stücke

PIE-BODEN
250 g Mehl und Mehl zum Bearbeiten • 2 EL Zucker • 125 g kalte Butter • 1 TL Öl • 1 Eigelb

FÜLLUNG
250 g Zucker • 120 g Butter • 100 g Honig • 4 Eier • 60 ml Whiskey • 200 g Walnusskerne

Zubereitungszeit:
ca. 25 Minuten
Ruhezeit:
ca. 1 Stunde

Zubereitung

1 Für den Pie-Boden das Mehl in eine Schüssel sieben, Zucker zugeben, die Butter in Flöckchen darauf setzen und mit den Fingern einarbeiten. Öl, Eigelb und 3 Esslöffel kaltes Wasser zufügen und alles rasch zu einem krümeligen Teig verkneten. Zu einer Kugel formen, in Frischhaltefolie einwickeln und 1 Stunde im Kühlschrank ruhen lassen.

2 Den Backofen auf 180 °C (Gas Stufe 2 – 3, Umluft 160 °C) vorheizen. Den Teig auf einer bemehlten Arbeitsfläche ausrollen. In eine Pie-Form heben und den überstehenden Rand abschneiden.

3 Für die Füllung Zucker, geschmolzene Butter, Honig, Eier und Whiskey miteinander verrühren. Die Nüsse auf den Pie-Boden geben, darüber die Füllung gießen. Im heißen Ofen ca. 30 Minuten backen, bis der Boden goldbraun und die Füllung fest ist. Völlig auskühlen lassen. In Tortenstücke geschnitten servieren.

2124 / 507 kJ / kcal
8 g Eiweiß
31 g Fett
48 g Kohlenhydrate
2 g Ballaststoffe

PREISELBEERTORTE

Zubereitungszeit:
ca. 50 Minuten
Backzeit:
ca. 30 Minuten
Kühlzeit:
ca. 2 Stunden

Zutaten für 12 Stücke

BODEN
150 g Walnusskerne • 50 g Zartbitterschokolade • 4 Eier • 125 g Zucker • Salz • 30 g Mehl
2 TL Backpulver

PREISELBEEREN
1 Glas Preiselbeeren à 400 g • 100 ml Rotwein • 100 g Zucker • 1 Päckchen Vanillezucker
2 EL Grand Manier • 1 EL Speisestärke • 4 EL Orangensaft

SAHNECREME
600 g Sahne • 1 Päckchen Sahnesteif • 2 Päckchen Vanillezucker • 2 EL Rum

Zubereitung

1787 / 426 kJ / kcal
6 g Eiweiß
27 g Fett
37 g Kohlenhydrate
2 g Ballaststoffe

1 Für den Boden Walnüsse und Schokolade fein reiben. Die Eier trennen. Die Eigelbe mit 2 Esslöffel Wasser und 50 Gramm Zucker schaumig schlagen. Das Eiweiß mit Salz steif schlagen und dabei den restlichen Zucker einrieseln lassen.

2 Den Eischnee auf die Eigelbe geben, Mehl und Backpulver darauf sieben und mit Nüssen und Schokolade zu einem Teig verarbeiten.

3 Den Backofen auf 180 °C (Gas Stufe 2 – 3, Umluft 160 °C) vorheizen. Eine Springform von 26 Zentimeter Durchmesser mit Backpapier auslegen, den Teig einfüllen und 30 Minuten im heißen Ofen backen. Auf ein Kuchengitter stürzen und abkühlen lassen.

4 Die Preiselbeeren mit Rotwein, Zucker, Vanillezucker und Grand Marnier aufkochen. Die Speisestärke mit Orangensaft anrühren und die Preiselbeeren so binden. Abkühlen lassen.

5 Für die Sahnecreme die Sahne mit Sahnesteif und Vanillezucker sehr steif schlagen und den Rum zugeben.

6 Den Kuchen in zwei Böden schneiden. Einen davon wieder in die Springform legen und mit 2/3 der Preiselbeermasse bestreichen. 2/3 der Sahnecreme darauf geben und mit dem zweiten Boden abdecken.

7 Die restliche Sahnecreme darauf verteilen und die verbliebenen Preiselbeeren in die Mitte geben. 2 Stunden im Kühlschrank ruhen lassen.

SCHOKOLADENKUCHEN MIT HASELNÜSSEN

Zutaten für 12 Stücke

BODEN

150 g Zartbitterschokolade • 100 g Butter • 5 Eier • 200 g Puderzucker

1 Päckchen Vanillezucker • Salz • 100 g Haselnüsse • 100 g Mehl • 1 TL Backpulver

4 TL Kakao • 3 EL Schmand

FÜLLUNG

150 g Zartbitterschokolade • 150 g Butter • 50 g Puderzucker

1 Päckchen Vanillezucker • 2 Eier • 100 g Haselnussschokolade

Zubereitungszeit:
ca. 45 Minuten
Backzeit:
ca. 40 Minuten
Kühlzeit:
ca. 1 Stunde

Zubereitung

1 Für den Boden die Zartbitterschokolade grob hacken und mit der Butter über einem Wasserbad schmelzen.

2 Eier, Puderzucker, Vanillezucker und Salz cremig aufschlagen. Die Nüsse hacken und 75 Gramm in den Teig geben. Die Schokoladenmischung unterrühren.

3 Mehl, Backpulver und Kakao über den Teig sieben und mit dem Schmand unterheben.

4 Den Backofen auf 180 °C (Gas Stufe 2 – 3, Umluft 160 °C) vorheizen. Eine Springform von 24 Zentimeter Durchmesser mit Backpapier auslegen, den Teig hineinfüllen und im heißen Ofen 40 Minuten backen. In der Form abkühlen lassen.

5 Für die Füllung die Zartbitterschokolade grob hacken und über einem Wasserbad schmelzen. Butter, Puder- und Vanillezucker schaumig schlagen. Die Eier nacheinander einarbeiten. Die flüssige Schokolade unterrühren.

6 Den Tortenboden aus der Form lösen und halbieren. Die Hälfte der Creme auf den unteren Boden geben und den zweiten Boden darauf setzen. Den Kuchen mit der restlichen Creme rundherum bestreichen. 1 Stunde kalt stellen.

7 Die Haselnussschokolade über einem warmen Wasserbad schmelzen und dünn auf einen Bogen Backpapier gießen. Anschließend mit den restlichen Haselnüssen bestreichen und erkalten lassen.

8 Die erkaltete Schokolade in Stücke brechen und die Torte damit garnieren.

2375 / 567 kJ / kcal
9 g Eiweiß
39 g Fett
45 g Kohlenhydrate
5 g Ballaststoffe

Bananencreme-Pie

Zubereitungszeit:
ca. 40 Minuten
Ruhezeit:
ca. 3 Stunden
Backzeit:
ca. 25 Minuten

Zutaten für 12 Stücke

Pie-Boden
250 g Mehl und Mehl zum Bearbeiten • 2 EL Zucker • 125 g kalte Butter • 1 TL Öl • 1 Eigelb

Füllung
150 g Zucker • Salz • 4 EL Mehl • 4 EL Speisestärke • 4 Eigelbe • 500 ml Milch

2 TL Vanillezucker • 3 reife Bananen • 1 TL Cognac • 2 EL Butter • 200 g Sahne

100 g Zartbitterschokolade

Zubereitung

1848 / 441 kJ / kcal
7 g Eiweiß
22 g Fett
53 g Kohlenhydrate
3 g Ballaststoffe

1 Für den Pie-Boden das Mehl in eine Schüssel sieben, Zucker zugeben, die Butter in Flöck-chen darauf setzen und einarbeiten. Öl, Eigelb und 3 Esslöffel kaltes Wasser zufügen und rasch zu einem krümeligen Teig verkneten. Zu einer Kugel formen, in Frischhaltefolie ein-wickeln und 1 Stunde im Kühlschrank ruhen lassen.

2 Den Backofen auf 180 °C (Gas Stufe 2 – 3, Umluft 160 °C) vorheizen. Den Teig auf einer bemehlten Arbeitsfläche ausrollen. In eine Pie-Form heben, den überstehenden Rand ab-schneiden und den Boden mit Trockenerbsen belegen. Im heißen Ofen 25 Minuten backen. 5 Minuten vor Ende der Backzeit die Erbsen entfernen.

3 Für die Füllung 125 Gramm Zucker, Salz, Mehl und Speisestärke mischen. Mit den Eigelben glatt rühren. Milch mit 1 Teelöffel Vanillezucker aufkochen lassen. Etwa 125 Milliliter von der heißen Milch damit verrühren. Die so erwärmten Eigelbe zu der restlichen Milch geben.

4 Die Creme über einem Wasserbad 8 bis 10 Minuten unter ständigem Rühren erhitzen, aber nicht kochen, bis sie gerade anfängt, dick zu werden. Durch ein Sieb streichen.

5 Die Bananen schälen und in Scheiben schneiden. Cognac und Butter in die Creme geben, dann die Bananenscheiben unterheben. Die Mischung in den Pie-Boden gießen und darin verteilen. Abdecken und etwa 2 Stunden an einem kühlen Ort fest werden lassen.

6 Kurz vor dem Servieren die Sahne mit restlichem Zucker und Vanillezucker steif schlagen. Die Schokolade raspeln. Die Oberfläche der Pie mit Sahne bestreichen und mit der geraspel-ten Schokolade bestreuen.

BLÄTTERTEIGTANNEN

Zutaten für 8 Stück

2 Packungen frischer Blätterteig • 125 g Zucker • 300 g Frischkäse • 100 g Puderzucker

1 Päckchen Vanillezucker • 2 EL Amaretto • 1 EL Orangensaft • 100 g Wildbeeren- oder

Erdbeerkonfitüre • 1 EL Kakaopulver

Zubereitung

1 Den Blätterteig ausrollen; die Platten halbieren, dünn mit Wasser bestreichen und die 4 Lagen aufeinanderlegen.

2 Den Zucker gleichmäßig auf einer Arbeitsfläche ausstreuen und den Blätterteig darauf dünn ausrollen.

3 Mit einer vorgefertigten Schablone Tannenbäume von etwa 10 Zentimeter Breite und etwa 14 Zentimeter Höhe ausschneiden.

4 Die Teigreste aufeinander legen, noch einmal dünn ausrollen und weitere Tannenbäume ausschneiden. Backbleche mit Backpapier auslegen und die Teigbäume daraufsetzen. Die Blätterteigbäume anschließend etwa 20 Minuten ruhen lassen.

5 Den Backofen auf 200 °C (Gas Stufe 3 – 4, Umluft 180 °C) vorheizen und die Tannenbäume darin etwa 15 bis 18 Minuten backen. Der Blätterteig sollte nicht zu dunkel werden. Herausnehmen und abkühlen lassen.

6 Den Frischkäse mit 50 Gramm Puderzucker und dem Vanillezucker verrühren. Amaretto und Orangensaft zugeben und einarbeiten.

7 Die flachen Bäume (aus den Teigresten) erst mit Konfitüre, dann mit Frischkäsecreme bestreichen und mit schönen Bäumen abdecken.

8 Den restliche Puderzucker mit dem Kakao vermischen und die Blätterteigtannen damit bestäuben.

Zubereitungszeit:
ca. 45 Minuten

3006 / 718 kJ / kcal
11 g Eiweiß
39 g Fett
79 g Kohlenhydrate
3 g Ballaststoffe

O Tannenbaum – wie süß sind deine Blätter!

Whiskey-Buttercreme-Torte

Zubereitungszeit:
ca. 1 Stunde
und 30 Minuten
Backzeit:
ca. 50 Minuten
Kühlzeit:
ca. 3 Stunden

Zutaten für 12 Stücke

Biskuitboden

5 Eier • 225 g Puderzucker • 50 g Walnusskerne • 50 g Mehl • 40 g Speisestärke

1 TL Backpulver

Whiskeytrüffel

200 g Zartbitterschokolade • 120 g Sahne • 50 g Butter • 3 EL Whiskey • 20 g Kakaopulver

70 g Zucker

Whiskeybuttercreme

100 g Zartbitterschokolade • 200 g Nuss-Nougat-Creme • 3 Eier • 3 Eigelb

100 g Zucker • 300 g Butter • 4 EL Whiskey

Ausserdem

3 TL Instantkaffeepulver • 3 EL Wiskey • 50 g Vollmilchschokolade

Zubereitung

3190 / 762 kJ / kcal
11 g Eiweiß
47 g Fett
66 g Kohlenhydrate
5 g Ballaststoffe

1 Den Backofen auf 180 °C (Gas Stufe 2 – 3, Umluft 160 °C) vorheizen. Eine Springform von 26 Zentimeter Durchmesser mit Backpapier auslegen.

2 Die Eier trennen. Die Eigelbe mit 2 Esslöffel warmem Wasser und Puderzucker schaumig schlagen. Die Walnüsse fein mahlen und unterheben. Das Eiweiß steif schlagen und auf die Masse geben. Mehl, Speisestärke und Backpulver darauf sieben und alles vermischen.

3 Den Teig 50 Minuten im heißen Ofen backen. Anschließend abkühlen lassen.

4 Für die Trüffel die Schokolade hacken und mit der Sahne über einem Wasserbad schmelzen. Abgedeckt abkühlen lassen.

5 Die Butter schaumig schlagen, unter die Schokolade ziehen, mit Whiskey aromatisieren.

6 Kugeln formen, Kakao und Zucker mischen und die Kugeln darin wälzen.

7 Für die Buttercreme die Schokolade grob hacken und über einem Wasserbad schmelzen. Auf Zimmertemperatur abkühlen lassen und mit der Nuss-Nougat-Creme vermischen.

8 Eier, Eigelb und Zucker über einem Wasserbad cremig aufschlagen, kalt schlagen und unter die Schokoladencreme ziehen.

9 Die Butter mit den Quirlen des Handrührgeräts in 10 Minuten schaumig schlagen und mit dem Whiskey zur Schokoladen-Eier-Creme geben.

10 Das Kaffeepulver mit 3 Esslöffel Whiskey anrühren. Den Biskuit in 3 gleich dicke Böden schneiden und damit tränken. 2 Böden jeweils mit 1/3 der Buttercreme bestreichen, aufeinander setzen und mit dem dritten Boden bedecken.

11 Den Kuchen mit der restlichen Buttercreme rundherum bestreichen. Die Vollmilchschokolade in Späne schneiden und die Torte damit bestreuen. Jedes Stück mit 1 Trüffelkugel belegen und die Torte 3 Stunden kalt stellen.

MARMORIERTER KÄSEKUCHEN

Zutaten für 12 Stücke

BODEN

200 g Butterkekse • 60 g Zucker • 3 EL Kakaopulver • 120 g flüssige Butter

FÜLLUNG

750 g Quark • 250 g Zucker • 2 EL Mehl • 1 EL Zitronensaft • 2 EL Orangensaft • 3 Eier
2 Eigelbe • 1 TL Vanillezucker • 180 g Zartbitterschokolade • 3 EL Sahne

Zubereitung

1 Die Kekse zerkrümeln, die Zutaten für den Kuchenboden vermischen und fest auf den Boden einer Springform von 26 Zentimeter Durchmesser drücken. Beiseite stellen.

2 Den Quark mit 200 Gramm Zucker locker aufschlagen. Mehl, Zitronen- und Orangensaft zugeben. Nach und nach Eier, Eigelbe und Vanillezucker einrühren.

3 Die Schokolade grob hacken und in einer Edelstahlschüssel über einem Wasserbad schmelzen. Mit der Sahne und dem restlichen Zucker vermischen.

4 Den Backofen auf 160 °C (Gas Stufe 2, Umluft 130 °C) vorheizen. 2/3 des Quarks auf den Kuchenboden füllen. Das restliche Drittel unter die Schokoladenmischung heben. Auf die helle Füllung geben und mit einem Messer spiralförmige Schlieren ziehen.

5 Den Kuchen im heißen Ofen 40 Minuten backen. Danach im ausgeschalteten und geöffneten Ofen weitere 20 Minuten stehen lassen. Über Nacht in den Kühlschrank stellen.

Zubereitungszeit:
ca. 30 Minuten
Backzeit:
ca. 40 Minuten
Kühlzeit:
ca. 12 Stunden
(über Nacht)

1856 / 443 kJ / kcal
14 g Eiweiß
21 g Fett
48 g Kohlenhydrate
3 g Ballaststoffe

Birnenkuchen

Zubereitungszeit:
ca. 50 Minuten
Backzeit:
ca. 55 Minuten
Kühlzeit:
ca. 1 Stunde

Zutaten für 12 Stücke

Boden

240 g Mehl und Mehl zum Bearbeiten • 80 g Zucker • Salz • 1 Ei • 160 g kalte Butter

Mandelmasse

125 g Zucker • 80 g Butter • 1 Päckchen Vanillezucker • Salz • 200 g Mandeln

3 Eier • 20 g Mehl

Belag

800 g Birnen (oder 1 Dose Birnen à 840 g) • 2 EL Zitronensaft • 100 g Aprikosenkonfitüre

40 g Pistazienkerne

Zubereitung

2098 / 501 kJ / kcal
9 g Eiweiß
30 g Fett
49 g Kohlenhydrate
6 g Ballaststoffe

1 Das Mehl auf eine Arbeitsfläche geben, eine Mulde in die Mitte drücken und Zucker, Salz und Ei hineingeben. Die Butter in Flocken auf den Rand setzen und die Zutaten von der Mitte her zu einem festen Teig verkneten. In Klarsichtfolie wickeln und 1 Stunde im Kühlschrank ruhen lassen.

2 Für die Mandelmasse Zucker, Butter, Vanillezucker und Salz mit den Quirlen des Handrührgeräts schaumig schlagen. Die Mandeln mahlen und nach und nach mit Eiern und Mehl zur Masse geben.

3 Den Mürbeteig auf einer bemehlten Arbeitsfläche ausrollen, in eine Pie-Form von 28 Zentimeter Durchmesser legen und am Rand hochziehen. Den Boden mehrmals mit einer Gabel einstechen und die Mandelmasse darauf geben.

4 Die Birnen schälen, vierteln, vom Kerngehäuse befreien, längs in Scheiben schneiden, mit Zitronensaft beträufeln und fächerförmig auf die Mandelmasse legen.

5 Den Backofen auf 180 °C (Gas Stufe 2 – 3, Umluft 160 °C) vorheizen und den Birnenkuchen darin 25 Minuten backen. Die Temperatur auf 200 °C (Gas Stufe 3 – 4, Umluft 180 °C) erhöhen und weitere 30 Minuten backen.

6 Die Aprikosenkonfitüre erwärmen und die Birnen damit bestreichen. Die Pistazien hacken und den Kuchen damit bestreuen.

WALNUSSTORTE

Zutaten für 8 bis 10 Stücke

BODEN
150 g kalte Butter und Butter für die Form • 70 g Puderzucker • 200 g Mehl

BELAG
230 g Walnusskerne • 150 g Zucker • 1 EL Butter • 40 g Vollmilchschokolade • 4 Eier

60 g Puderzucker

GLASUR
30 g Puderzucker • 2 EL Amaretto

Zubereitung

1 Butter, Puderzucker und Mehl rasch zu einem glatten Teig verkneten, in Klarsichtfolie wickeln und 1 Stunde im Kühlschrank ruhen lassen.

2 Den Backofen auf 200 °C (Gas Stufe 3 – 4, Umluft 180 °C) vorheizen. Eine Springform von 20 Zentimeter Durchmesser buttern.

3 Den Mürbeteig auf einer bemehlten Arbeitsfläche 3 Millimeter dünn ausrollen, die Form damit auslegen und den Teig am Rand hochdrücken. Den Boden mehrmals mit einer Gabel einstechen und 10 Minuten im heißen Ofen backen.

4 Für den Belag 100 Gramm Walnüsse grob, weitere 100 Gramm fein hacken. 50 Gramm Zucker in einer Pfanne hellbraun karamellisieren lassen, Butter und die grob gehackten Nüsse zugeben und erkalten lassen.

5 Die Schokolade hacken und über einem Wasserbad schmelzen. Die Eier trennen. Eiweiß mit dem restlichen Zucker steif schlagen.

6 Eigelbe mit dem Puderzucker schaumig rühren, Schokolade, karamellisierte und fein gehackte Walnüsse zugeben und vermischen. Den Eischnee unterheben, die Masse auf den Mürbeteigboden geben und bei 180 °C (Gas Stufe 2 – 3, Umluft 160 °C) 45 Minuten backen.

7 Den Kuchen aus dem Ofen nehmen. Für die Glasur Puderzucker mit Amaretto verrühren und den Kuchen damit bestreichen. Mit den restlichen Walnüssen belegen und abkühlen lassen.

Zubereitungszeit:
ca. 40 Minuten
Backzeit:
ca. 55 Minuten
Kühlzeit:
ca. 1 Stunde

2500 / 597 kJ / kcal
10 g Eiweiß
36 g Fett
56 g Kohlenhydrate
3 g Ballaststoffe

Kakao-Biskuit-Eierstich

Zubereitungszeit:
ca. 20 Minuten

Zutaten für 4 Portionen

1 Päckchen Vanillezucker • 500 ml Milch • 250 g Sahne • Salz • 6 Eier • 75 g Kakao

100 g Zucker • 75 g Löffelbiskuits • 1 EL Butter

Zubereitung

2802 / 668 kJ / kcal
23 g Eiweiß
41 g Fett
51 g Kohlenhydrate
6 g Ballaststoffe

1 Den Vanillezucker mit Milch, Sahne und Salz einmal kurz aufkochen. Anschließend etwas abkühlen lassen.

2 Die Eier verschlagen und mit Kakao und Zucker vermischen.

3 Die Löffelbiskuits zerbröseln und unterheben. Nach und nach die Milchflüssigkeit zugeben und verrühren.

4 Den Backofen auf 180 °C (Gas Stufe 2 – 3, Umluft 160 °C) vorheizen. Eine Kastenform buttern und die Eimasse einfüllen. In einem Wasserbad im heißen Ofen 30 bis 45 Minuten garen, bis die Masse fest ist.

5 Den Eierstich abkühlen lassen. Nach dem Erkalten die Ränder mit einem Messer lösen, stürzen und in Scheiben schneiden.

Frankfurter Kirschpudding

Zubereitungszeit:
35 Minuten
Backzeit:
ca. 25 Minuten

Zutaten für 4 Portionen

3 Eier • 100 g Butter • 1 TL Zitronensaft • 1 EL Rum • 100 g Löffelbiskuits • 70 g geriebene

Haselnüsse • 100 g Zucker • 1 EL Kakaopulver • Zimt • 1 EL Butter • 2 EL Semmelbrösel

50 g Schattenmorellen aus dem Glas

Zubereitung

1 Die Eier trennen. 80 Gramm Butter zusammen mit Eigelben, Zitronensaft und Rum schaumig schlagen.

2 Die Löffelbiskuits zerbröseln. Haselnüsse, Biskuitbrösel, Zucker und Kakao locker vermischen. Mit Zimt würzen. Das Eiweiß steif schlagen.

3 1/3 des Eischnees mit der Buttermasse verrühren, erst die Haselnussmischung, dann das restliche Eiweiß unterheben.

4 Timbalformen buttern und mit Semmelbröseln ausstreuen. Zu 2/3 mit der Teigmasse füllen, einige Kirschen einlegen und die restliche Puddingmasse darauf verteilen.

5 Den Ofen auf 170 °C (Gas Stufe 2, Umluft 150 °C) vorheizen. Die Timbale in ein Wasserbad setzen und den Kirschpudding im heißen Ofen 25 Minuten garen.

6 Nach dem Backen sofort stürzen und noch warm servieren.

2666 / 636 kJ / kcal
12 g Eiweiß
42 g Fett
52 g Kohlenhydrate
3 g Ballaststoffe

ORANGENTARTE

Zutaten für 12 Stücke

140 g Butter • 250 g Zucker • Salz • 4 Eier • 250 g Mehl und Mehl zum Ausrollen

10 Orangen • 2 Eigelbe • 125 g Sahne • 4 EL Zitronensaft • 1 EL gehackte Walnüsse

Zubereitungszeit:
ca. 30 Minuten
Ruhezeit:
ca. 1 Stunde

Zubereitung

1 Für den Teig 125 Gramm Butter, 75 Gramm Zucker und etwas Salz mit den Knethacken des Handrührgeräts glatt rühren. 1 Ei unterrühren. Das Mehl einarbeiten. Den Teig zu einer Kugel formen, in Frischhaltefolie wickeln und 1 Stunde im Kühlschrank ruhen lassen.

2 Den Backofen auf 200 °C (Gas 3 – 4, Umluft 180 °C) vorheizen. Den Teig auf einer bemehlten Arbeitsfläche kreisförmig ausrollen. Eine Tarteform von 28 Zentimeter Durchmesser buttern, den Teig hineinlegen und am Rand hochziehen. Den Boden mehrmals einstechen und im heißen Ofen 15 Minuten blind backen.

3 In der Zwischenzeit den Saft von 5 Orangen auspressen. Die restlichen Eier, Eigelbe und 150 Gramm Zucker schaumig aufschlagen. Orangensaft, Sahne und Zitronensaft einrühren.

4 Die Temperatur des Ofens auf 160 °C (Gas Stufe 2, Umluft 130 °C) reduzieren. Den Orangenguss in die Tarte füllen und weitere 40 Minuten backen.

5 Die restlichen Orangen so schälen, dass auch die weiße Haut entfernt ist, und in dünne Scheiben schneiden. 10 Minuten vor Ende der Backzeit auf die Tarte legen und mit dem restlichen Zucker bestreuen.

6 Die Walnüsse vor dem Servieren auf die Orangentarte streuen.

1553 / 371 kJ / kcal
7 g Eiweiß
17 g Fett
47 g Kohlenhydrate
3 g Ballaststoffe

PLÄTZCHEN

»Süßer die Plätzchen nie schmecken …«. Die besten Plätzchen sollten Sie

verstecken, damit für Weihnachten auch noch etwas übrig bleibt.

Weihnachtliches Gebäck

Wenn der Duft von Nüssen, Vanille und Lebkuchen sich langsam vom Backofen aus erst in der Küche und dann weiter in der ganzen Wohnung verbreitet, wenn alle Familienmitglieder ständig zufällig etwas in der Küche zu tun haben, dann ist die Zeit des Plätzchenbackens gekommen. Es ist der Höhepunkt der Vorweihnachtszeit, und manchmal ist es gar nicht so einfach, die frisch gebackenen Plätzchen für Weihnachten aufzubewahren, so groß ist ihre Anziehungskraft.

Plätzchenbacken kann zu einer Wissenschaft für sich werden. Es kann aber auch ganz einfach und unaufwändig sein. Bei Ihrem ALDI-Einkauf können Sie alles besorgen, was Sie dafür brauchen, und mit den folgenden Rezepten einfache und doch köstliche Plätzchen wie Schokoladenkekse oder Zitronenplätzchen, Klassiker wie Vanillekipferl und Spritzgebäck und originelle Kreationen wie Walnusstatzen oder Lebkuchenhütchen backen.

KNUSPERSTREIFEN

Zubereitungszeit:
ca. 30 Minuten
Kühlzeit:
ca. 2 Stunden

Zutaten für ca. 60 Stück

225 g Butter • 75 g Puderzucker • Salz • 1 Ei • 250 g Mehl und Mehl zum Ausrollen

50 g Haferflocken • 100 g gehobelte Mandeln • 50 g Orangeat • 75 g Zucker

2 EL Honig • 100 g Sahne

Zubereitung

321 / 77 kJ / kcal
1 g Eiweiß
5 g Fett
7 g Kohlenhydrate
1 g Ballaststoffe

1 125 Gramm Butter mit Puderzucker und Salz mit den Knethaken des Handrührgeräts zu einer glatten Masse verrühren. Das Ei zugeben und das Mehl rasch einarbeiten. In Klarsichtfolie wickeln und 2 Stunden im Kühlschrank ruhen lassen.

2 Den Backofen auf 200 °C (Gas Stufe 3 – 4, Umluft 180 °C) vorheizen und Haferflocken sowie Mandeln auf einem Blech 5 Minuten rösten. Das Orangeat fein hacken.

3 Die restliche Butter mit Zucker, Honig und Sahne aufkochen, Haferflocken, Mandeln und Orangeat zugeben und etwas abkühlen lassen.

4 Den Teig auf einer bemehlten Arbeitsfläche zu einer Fläche von 30 mal 40 Zentimeter ausrollen, in 5 Streifen von 8 Zentimeter Breite schneiden, die Kanten der Längsseiten etwa 5 Millimeter einschlagen und andrücken. Die Haferflockenmasse zwischen diesen kleinen Wülsten verteilen.

5 Die Streifen auf die Bleche mit Backpapier setzen und im heißen Ofen 12 bis 15 Minuten backen.

6 Die Streifen aus dem Ofen nehmen, auf einem Kuchengitter abkühlen lassen und in etwa 2 1/2 Zentimeter breite Stücke teilen.

SCHOKOLADENSCHNITTEN

Zutaten für ca. 40 Stück

Butter und Mehl für das Blech • 150 g Zartbitterschokolade • 180 g Butter • 4 Eier

400 g Zucker • 1 Päckchen Vanillezucker • 140 g Mandeln • 160 g Mehl • 1/2 TL Backpulver

1/2 TL Salz • Puderzucker zum Bestäuben

Zubereitungszeit:
ca. 25 Minuten
Backzeit:
ca. 30 Minuten

Zubereitung

1 Den Backofen auf 180 °C (Gas Stufe 2 – 3, Umluft 160 °C) vorheizen. Ein rechteckiges, hochrandiges Backblech mit Butter bestreichen und mit Mehl bestäuben.

2 Die Schokolade hacken und in einer Edelstahlschüssel über einem heißen Wasserbad schmelzen. Die Butter dazugeben, die Masse glatt rühren und erkalten lassen.

3 Die Eier mit Zucker und Vanillezucker schaumig schlagen. Unter die Schokoladenmasse heben.

4 Die Mandeln hacken. Mehl, Backpulver, Salz sowie die gehackten Mandeln zur Eiermasse geben und zu einem glatten Teig verrühren.

5 Den Teig mit einem langen Messer gleichmäßig auf dem vorbereiteten Blech verstreichen und im heißen Ofen 25 bis 30 Minuten backen.

6 Die Teigplatte herausnehmen und erkalten lassen. Die Konsistenz darf durchaus noch etwas weich sein. In gleich große Quadrate schneiden und vor dem Servieren mit Puderzucker bestäuben.

589 / 141 kJ / kcal
2 g Eiweiß
8 g Fett
16 g Kohlenhydrate
1 g Ballaststoffe

Schokoladenkekse mit Cashewkernen

Zubereitungszeit:
ca. 15 Minuten
Ruhezeit:
ca. 2 Stunden

357 / 85 kJ / kcal
1 g Eiweiß
5 g Fett
9 g Kohlenhydrate
0 g Ballaststoffe

Zutaten für ca. 40 Stück

140 g Butter • 100 g Zucker • 1 Päckchen Vanillezucker • Salz • 100 g Schokolade • 1 Ei
80 g Cashewkerne • 180 g Mehl • 1 TL Backpulver • 80 g Rosinen

Zubereitung

1 Die Butter mit Zucker, Vanillezucker und Salz schaumig rühren. Die Schokolade hacken. Das Ei und die gehackte Schokolade unter die Buttermischung heben.

2 Die Cashewkerne hacken. Mehl und Backpulver vermischen. Zusammen mit den gehackten Cashewkernen und den Rosinen in die Buttercreme geben und zu einem glatten, weichen Teig verkneten. Zugedeckt mindestens 2 Stunden in den Kühlschrank stellen.

3 Den Backofen auf 180 °C (Gas Stufe 2 – 3, Umluft 160 °C) vorheizen. Ein Backblech mit Backpapier auslegen. Aus dem Teig walnussgroße Kugeln formen, auf das Blech setzen, etwas flach drücken und im heißen Ofen 8 bis 10 Minuten backen.

Spritzgebäck

Zubereitungszeit:
ca. 40 Minuten

285 / 68 kJ / kcal
1 g Eiweiß
4 g Fett
6 g Kohlenhydrate
0 g Ballaststoffe

Zutaten für ca. 60 Stück

200 g Butter • 100 g Puderzucker • Salz • 2 Eigelbe • 1 Ei • 200 g Mehl • 50 g Speisestärke
1 TL Backpulver • 4 EL Milch • 50 g gemahlene Mandeln • 150 g Schokolade

Zubereitung

1 Die weiche Butter mit Puderzucker und Salz mit den Quirlen des Handrührgeräts schaumig schlagen. Die Eigelbe und das Ei nacheinander unterrühren.

2 Mehl, Speisestärke und Backpulver sieben, vermischen und abwechselnd mit Milch und Mandeln in den Teig einarbeiten. 30 Minuten im Kühlschrank ruhen lassen.

3 Backbleche mit Backpapier auslegen. Den Teig in einen Spritzbeutel mit Sterntülle füllen und Schlangenlinien, Stangen und Ringe auf die Bleche spritzen. Nochmals 1 Stunde ruhen lassen.

4 Den Backofen auf 200 °C (Gas Stufe 3 – 4, Umluft 180 °C) vorheizen und die Plätzchen darin 10 Minuten backen. Aus dem Ofen nehmen und abkühlen lassen.

5 Die Schokolade über einem Wasserbad schmelzen und die Plätzchen halb mit der flüssigen Schokolade überziehen. Auf einem Kuchengitter abkühlen lassen.

NUSSMAKRONENTÜRMCHEN

Zutaten für ca. 40 Stück

3 Eiweiße • Salz • 1/2 TL Zitronensaft • 150 g Zucker • 1 EL Speisestärke

200 g gemahlene Haselnüsse • 1 Päckchen Vanillezucker

40 Backoblaten von 4 cm Durchmesser • 40 Haselnüsse

Zubereitung: ca. 25 Minuten

Zubereitung

1 Eiweiß mit Salz und Zitronensaft steif schlagen und nach und nach den Zucker einrieseln lassen. 50 Gramm davon abnehmen und mit der Speisestärke verrühren.

2 Die restliche Masse mit Haselnüssen und Vanillezucker vermischen und auf die Oblaten spritzen. Die weiße Masse in die Mitte der Nussmasse spritzen und jeweils mit einem Haselnusskern krönen. Auf Bleche mit Backpapier setzen.

3 Den Backofen auf 170 °C (Gas Stufe 2, Umluft 150 °C) vorheizen und die Plätzchen darin 12 bis 15 Minuten backen.

236 / 56 kJ / kcal
1 g Eiweiß
4 g Fett
5 g Kohlenhydrate
1 g Ballaststoffe

Nussmakronen – ein vorweihnachtlicher Hit.

ORANGENRINGE

Zubereitungszeit:
ca. 40 Minuten

Zutaten für ca. 60 Stück

200 g Butter • 200 g Puderzucker • Salz • 2 Eigelbe • 1 Ei • 200 g Mehl • 50 g Speisestärke
1 TL Backpulver • 50 g gemahlene Mandeln • 2 EL Grand Manier • 6 EL Orangensaft

Zubereitung

264 / 63 kJ / kcal
1 g Eiweiß
4 g Fett
7 g Kohlenhydrate
0 g Ballaststoffe

1 Die weiche Butter mit 100 Gramm Puderzucker und Salz mit den Quirlen des Handrühr-geräts schaumig schlagen. Die Eigelbe und das Ei nacheinander unterrühren.

2 Mehl, Speisestärke und Backpulver sieben, vermischen und abwechselnd mit Mandeln, Grand Manier und 2 Esslöffeln Orangensaft in den Teig einarbeiten. 30 Minuten im Kühl-schrank ruhen lassen.

3 Backbleche mit Backpapier auslegen. Den Teig in einen Spritzbeutel mit Sterntülle füllen und Ringe von 4 Zentimeter Durchmesser auf die Bleche spritzen.

4 Den Backofen auf 200 °C (Gas Stufe 3 – 4, Umluft 180 °C) vorheizen und die Plätzchen dar-in 10 Minuten backen. Aus dem Ofen nehmen und abkühlen lassen.

5 Den restlichen Puderzucker mit dem restlichen Orangensaft verrühren und die Orangen-ringe damit bestreichen. Auf einem Kuchengitter trocknen lassen.

SCHOKOLADENCOOKIES

Zubereitungszeit:
ca. 30 Minuten
Backzeit:
ca. 15 Minuten

Zutaten für ca. 50 Stück

150 g Schokolade • 150 g Haselnüsse • 200 g Butter • 150 g Puderzucker • Salz • 2 Eigelbe
1 Ei • 200 g Mehl • 50 g Speisestärke • 1 TL Backpulver • 4 EL starker, kalter Kaffee

Zubereitung

1 100 Gramm Schokolade über einem Wasserbad schmelzen. Die restliche Schokolade hacken. 100 Gramm Haselnüsse mahlen, den Rest ebenfalls hacken.

2 Die weiche Butter mit 100 Gramm Puderzucker und Salz mit den Quirlen des Handrühr-geräts schaumig schlagen. Die Eigelbe und das Ei nacheinander unterrühren.

3 Mehl, Speisestärke und Backpulver sieben, vermischen und abwechselnd mit Kaffee, geschmolzener Schokolade und gemahlenen Nüssen in den Teig einarbeiten.

4 Backbleche mit Backpapier auslegen. Den Teig in einen Spritzbeutel ohne Tülle füllen, Tuffs auf die Bleche spritzen und mit gehackter Schokolade und Haselnüssen bestreuen.

5 Den Backofen auf 180 °C (Gas Stufe 2 – 3, Umluft 160 °C) vorheizen und die Plätzchen darin 12 bis 15 Minuten backen. Aus dem Ofen nehmen und abkühlen lassen.

6 Den restlichen Puderzucker mit 2 Esslöffeln Wasser verrühren und die Schokoladencookies mit feinen Zuckerlinien garnieren.

411 / 98 kJ / kcal
1 g Eiweiß
7 g Fett
9 g Kohlenhydrate
0 g Ballaststoffe

WALNUSSTATZEN

Zutaten für ca. 40 Stück

200 g Butter • 100 g Puderzucker • Salz • 2 Eigelbe • 1 Ei • 200 g Mehl • 50 g Speisestärke
1 TL Backpulver • 4 EL Milch • 100 g gemahlene Walnüsse • 150 g Vollmilchschokolade
50 g gemahlene Haselnüsse • 50 ml Irish Cream

Zubereitungszeit:
ca. 40 Minuten
Ruhezeit:
ca. 1 Stunde

Zubereitung

1 Die weiche Butter mit Puderzucker und Salz mit den Quirlen des Handrührgeräts schaumig schlagen. Die Eigelbe und das Ei nacheinander unterrühren.

2 Mehl, Speisestärke und Backpulver sieben, vermischen und abwechselnd mit Milch und Walnüssen in den Teig einarbeiten. 30 Minuten im Kühlschrank ruhen lassen.

3 Backbleche mit Backpapier auslegen. Den Teig in einen Spritzbeutel mit Sterntülle füllen und 80 etwa 3 Zentimeter lange Tatzen auf die Bleche spritzen.

4 Den Backofen auf 200 °C (Gas Stufe 3 – 4, Umluft 180 °C) vorheizen und die Plätzchen darin 10 Minuten backen. Aus dem Ofen nehmen und abkühlen lassen.

5 Die Schokolade über einem warmen Wasserbad mit den Haselnüssen und der Irish Cream schmelzen und anschließend so lange abkühlen lassen, bis die Masse gerade noch gut streichfähig ist.

6 Die Hälfte der Plätzchen auf der flachen Seite mit der Schokoladenmasse bestreichen und die restlichen Plätzchen darauf setzen.

514 / 123 kJ / kcal
1 g Eiweiß
9 g Fett
10 g Kohlenhydrate
1 g Ballaststoffe

MÖHRENMAKRONEN

Zubereitungszeit:
ca. 40 Minuten
Kühlzeit:
ca. 45 Minuten

266 / 64 kJ / kcal
2 g Eiweiß
3 g Fett
7 g Kohlenhydrate
1 g Ballaststoffe

Zutaten für ca. 50 Stück

150 g Möhren • 4 Eiweiße • Salz • 2 EL Zitronensaft • 150 g Zucker und Zucker zum
Ausrollen • 300 g gemahlene Mandeln • 60 g Mehl • 100 g Puderzucker

Zubereitung

1 Die Möhren schälen, fein raspeln und trockentupfen.

2 3 Eiweiße mit Salz und etwas Zitronensaft steif schlagen und nach und nach den Zucker
einrieseln lassen. Möhren, Mandeln und Mehl unterheben.

3 Einen Bogen Backpapier mit Zucker bestreuen, die Hälfte des Teigs darauf flach drücken,
wiederum mit Zucker bestreuen und mit einem weiteren Bogen Backpapier abdecken. Mit
dem Rest des Teigs ebenso verfahren. Die Teigplatten 45 Minuten gefrieren.

4 Den Backofen auf 180 °C (Gas Stufe 2 – 3, Umluft 160 °C) vorheizen. Das obere Papier vom
Teig abziehen, Herzen aus dem Teig ausstechen, auf Bleche mit Backpapier setzen und im
heißen Ofen 12 bis 15 Minuten backen. Aus dem Ofen nehmen und abkühlen lassen.

5 Den Puderzucker mit dem restlichen Zitronensaft und Eiweiß verrühren und die Plätzchen damit bestreichen. Auf einem Kuchengitter trocknen lassen.

STREUSELSTERNE

Zubereitungszeit:
ca. 40 Minuten
Kühlzeit:
ca. 2 Stunden
Backzeit:
ca. 12 Minuten

Zutaten für ca. 60 Stück

200 g Butter • 75 g Puderzucker und Puderzucker zum Bestreuen • Salz • 1 Ei
350 g Mehl und Mehl zum Ausrollen • 50 g gemahlenen Haselnüsse • 50 g Zucker
100 g Aprikosenkonfitüre

Zubereitung

1 125 Gramm weiche Butter mit Puderzucker und Salz mit den Knethaken des Handrührgeräts zu einer glatten Masse verrühren. Das Ei zugeben und 250 Gramm Mehl rasch einarbeiten. In Klarsichtfolie wickeln und 2 Stunden im Kühlschrank ruhen lassen.

2 Für die Streusel die restliche Butter zerlassen. Das verbliebenen Mehl mit Haselnüssen und Zucker vermischen und die Butter einarbeiten. Mit den Händen zu Streuseln verkneten.

3 Den Teig auf einer bemehlten Arbeitsfläche dünn ausrollen, Sterne ausstechen, mit der Aprikosenkonfitüre bestreichen, Streusel darauf setzen und andrücken. Auf ein Blech mit Backpapier legen.

4 Den Backofen auf 200 °C (Gas Stufe 3 – 4, Umluft 180 °C) vorheizen und die Plätzchen im heißen Ofen 10 bis 12 Minuten backen.

5 Die Plätzchen aus dem Ofen nehmen, auf einem Kuchengitter abkühlen lassen und mit Puderzucker bestreuen.

277 / 66 kJ / kcal
1 g Eiweiß
3 g Fett
8 g Kohlenhydrate
0 g Ballaststoffe

Lebkuchenhütchen

Zutaten für ca. 50 Stück

125 g Honig • 75 g Zucker • 75 g Butter • 300 g Mehl und Mehl zum Ausrollen
2 TL Backpulver • 1 EL Lebkuchengewürz • 1 EL brauner Rum • 1 Ei • 4 EL Orangeat
2 EL Zitronat • 150 g gemahlene Mandeln • 2 EL Puderzucker • 1 Eiweiß

Zubereitungszeit:
ca. 45 Minuten
Ruhezeit:
ca. 3 Stunden

Zubereitung

1 Honig, Zucker und Butter bei schwacher Hitze unter Rühren erwärmen, bis sich der Zucker gelöst hat, und wieder abkühlen lassen.

2 Mehl, Backpulver und Lebkuchengewürz sieben, Rum, Ei und die Honigmasse zugeben und mit den Knethaken des Handrührgeräts zu einem glatten Teig verkneten. In Klarsichtfolie wickeln und 3 Stunden im Kühlschrank ruhen lassen.

3 Orangeat und Zitronat fein hacken und mit Mandeln, Puderzucker und Eiweiß verrühren.

4 Den Teig auf einer bemehlten Arbeitsfläche dünn ausrollen und Kreise von 8 Zentimeter Durchmesser ausrollen. Auf jeden Kreis 1 Teelöffel der Mandelmasse setzen und den Teig von drei Seiten her über der Füllung zusammendrücken, so dass kleine Hütchen entstehen. Backbleche mit Backpapier auslegen und die Hütchen darauf stellen.

5 Den Backofen auf 180 °C (Gas Stufe 2 – 3, Umluft 160 °C) vorheizen und die Plätzchen darin 12 bis 15 Minuten backen. Aus dem Ofen nehmen und abkühlen lassen.

309 / 74 kJ / kcal
1 g Eiweiß
3 g Fett
10 g Kohlenhydrate
1 g Ballaststoffe

GETRÄNKE

Wenn es draußen ungemütlich und kalt wird, setzt man sich gerne zu einem

heißen Punsch oder zu alkoholischen Kaffeespezialitäten zusammen.

Heißes für die kalte Jahreszeit

Wenn man an den Adventsabenden oder an Weihnachten nach der Bescherung im warmen Wohnzimmer gemütlich einige köstliche Plätzchen knabbert und draußen vielleicht leise der Schnee rieselt, dann fehlt nur noch das richtige Getränk, um sich so richtig wohlig warm zu fühlen. Heiß soll es sein, und etwas Alkohol darf es vielleicht auch enthalten. Da wäre ein aromatischer Punsch oder ein steifer Grog gerade das Richtige.

Ein Stück köstlicher Kuchen an einem langen und kalten Winternachmittag lässt sich mit einer Kaffeespezialität noch besser genießen. Es muss allerdings nicht immer Alkohol sein. Auch mit einem Früchte- oder Karamellpunsch kommt man in die schönste Weihnachtsstimmung.

Zubereitungszeit:
ca. 15 Minuten

2494 / 596 kJ / kcal
0 g Eiweiß
0 g Fett
68 g Kohlenhydrate
0 g Ballaststoffe

WHISKEYPUNSCH

Zutaten für 4 Portionen

Saft von 2 Zitronen • 250 g Zucker • 500 ml Whiskey

Zubereitung

Sämtliche Zutaten mit 500 Milliliter Wasser unter Rühren bis knapp unter den Siedepunkt erhitzen, in 4 feuerfeste Gläser seihen und sofort servieren.

Zubereitungszeit:
ca. 10 Minuten

1107 / 264 kJ / kcal
0 g Eiweiß
9 g Fett
17 g Kohlenhydrate
0 g Ballaststoffe

BUTTERGROG

Zutaten für 4 Portionen

4 EL Butter • 4 TL Zucker • 4 TL Zitronensaft • 200 ml Rum • 400 ml Apfelsaft

Zubereitung

1 Butter, Zucker, Zitronensaft und Rum auf 4 Groggläser verteilen.

2 Den Apfelsaft erhitzen, die Gläser damit auffüllen, gut umrühren und heiß servieren.

DAMENPUNSCH

Zutaten für 4 Portionen

4 Orange • 3 Zitronen • 1 EL Orangeat • 1 EL Zitronat • 150 g Zucker • 1 Apfel

3 Teebeutel schwarzer Tee • 150 ml Rum

Zubereitung

1 Den Saft von 2 Orangen und 2 Zitronen auspressen. Mit Orangeat, Zitronat und 400 Milliliter Wasser aufkochen, vom Herd nehmen und 1 Stunde ziehen lassen. Anschließend durch ein Sieb gießen.

2 In der Zwischenzeit den Zucker mit 150 Milliliter Wasser so lange kochen, bis sich der Zucker aufgelöst hat.

3 Die restlichen Orangen und die restliche Zitrone so schälen, dass auch die weiße Haut entfernt ist, in Spalten zerteilen und klein schneiden. Den Apfel schälen, vierteln, vom Kerngehäuse befreien und würfeln.

4 Den Orangen-Zitronen-Sud mit dem Zuckerwasser mischen, die Apfelwürfel zugeben, die Teebeutel hineinhängen und den Punsch 5 Minuten kochen. Dabei den auftretenden Schaum abschöpfen.

5 Die Teebeutel entfernen. Rum und die Zitrusstücke zugeben und erhitzen. Den Punsch mit Fruchtstücken in 4 Gläser füllen und heiß servieren.

Zubereitungszeit:
ca. 40 Minuten
Ruhezeit:
ca. 1 Stunde

1422 / 339 kJ / kcal
2 g Eiweiß
1 g Fett
57 g Kohlenhydrate
4 g Ballaststoffe

TEEPUNSCH

Zutaten für 4 Portionen

700 ml starker schwarzer Tee • 150 ml brauner Rum • 150 ml Weinbrand

Zucker nach Geschmack • 4 Zitronenscheiben

Zubereitung

Tee, Rum und Weinbrand vermischen und bis knapp unter den Siedepunkt erhitzen. Nach Geschmack zuckern, in Punschgläser füllen und mit Zitronenscheiben garnieren.

Zubereitungszeit:
ca. 15 Minuten

1164 / 277 kJ / kcal
0 g Eiweiß
0 g Fett
26 g Kohlenhydrate
0 g Ballaststoffe

ADVENTSPUNSCH

Zubereitungszeit:
ca. 30 Minuten

Zutaten für 4 bis 6 Portionen

500 ml Rotwein • 70 g Zucker • 1 l schwarzer Tee • 250 ml brauner Rum • 1 EL Zitronensaft

Zubereitung

1012 / 241 kJ / kcal
0 g Eiweiß
0 g Fett
17 g Kohlenhydrate
0 g Ballaststoffe

1 Den Rotwein mit dem Zucker erhitzen, bis sich der Zucker aufgelöst hat.

2 Tee und Rum zugeben und bis knapp unter den Siedepunkt erhitzen. Abkühlen lassen und nochmals erhitzen.

3 Den Punsch mit Zitronensaft würzen und so heiß wie möglich in feuerfesten Becher-gläsern servieren.

BRENNENDER WEIHNACHTSTEE

Zubereitungszeit:
ca. 20 Minuten

Zutaten für 4 Portionen

500 g Zucker • 700 ml brauner Rum • Saft von 4 Orangen • Saft von 4 Zitronen

500 ml starker schwarzer Tee

Damit können Sie Ihre Gäste beeindrucken: »Brennender Weihnachtstee«.

Zubereitung

1 Den Zucker in einen Punschkessel geben und mit dem Rum begießen. Den Rum anzün-den und brennen lassen, bis der Zucker gebräunt ist.

2 Orangen- und Zitronensaft mit dem Tee bis knapp unter den Siedepunkt erhitzen, über den Zucker gießen und umrühren.

3 Den Punsch in feuerfeste Gläser füllen und heiß servieren.

4196 / 1001 kJ / kcal
1 g Eiweiß
0 g Fett
143 g Kohlenhydrate
0 g Ballaststoffe

AMAZONENPUNSCH

Zutaten für 4 bis 6 Portionen

3 Eigelbe • 200 g Zucker • 1 Päckchen Vanillezucker • 500 ml Milch • 150 g Sahne
250 ml Weinbrand • 400 ml Weißwein • 1 EL Zitronensaft

Zubereitungszeil:
ca. 25 Minuten

Zubereitung

1 Die Eigelbe mit Zucker und Vanillezucker über einem Wasserbad bis knapp unter den Siedepunkt aufschlagen, aber nicht kochen.

2 Milch und Sahne einrühren, Weinbrand und Weißwein zugeben und erwärmen.

3 Den Punsch mit Zitronensaft würzen, heiß in vorgewärmte Henkelgläser füllen und sofort servieren.

2237 / 533 kJ / kcal
6 g Eiweiß
16 g Fett
49 g Kohlenhydrate
0 g Ballaststoffe

KALTER MILCHPUNSCH

Zutaten für 4 Portionen

100 g Zucker • 400 ml Milch • 400 ml Sahne • 1 Päckchen Vanillezucker
100 ml Weinbrand • Eiswürfel

Zubereitungszeit:
ca. 30 Minuten

Zubereitung

1 Den Zucker mit 250 Milliliter Wasser aufkochen und zu Zuckersirup einkochen. Abkühlen lassen.

2 Milch und Sahne vermischen. Zuckersirup und Vanillezucker einrühren, bis sich der Vanillezucker aufgelöst hat. Den Weinbrand zugeben.

3 Den Milchpunsch portionsweise mit einigen Eiswürfeln in einen Cocktailshaker geben, gut mixen und in ein hohes Glas seihen.

2183 / 521 kJ / kcal
6 g Eiweiß
34 g Fett
35 g Kohlenhydrate
0 g Ballaststoffe

ALMKAFFEE

Zubereitungszeit:
ca. 10 Minuten

520 / 124 kJ / kcal
2 g Eiweiß
7 g Fett
6 g Kohlenhydrate
0 g Ballaststoffe

Zutaten für 4 Portionen

2 Eigelbe • 50 ml Rum • 4 TL Zucker • 400 ml frisch gebrühter Kaffee • 4 EL Sahne

Zubereitung

1 Die Eigelbe mit Rum und Zucker verrühren. Mit dem Kaffee aufgießen und mit einem Schneebesen durchschlagen.

2 Die Kaffeemischung auf 4 Tassen verteilen und jeweils 1 Esslöffel flüssige Sahne in die Mitte geben.

EIERPUNSCH

Zubereitungszeit:
ca. 40 Minuten

1911 / 456 kJ / kcal
9 g Eiweiß
12 g Fett
62 g Kohlenhydrate
0 g Ballaststoffe

Zutaten für 4 Portionen

800 ml Milch • 200 g Zucker • 4 Eigelbe • 1 Päckchen Vanillezucker • 100 ml brauner Rum

Zubereitung

1 Die Milch mit dem Zucker aufkochen und unter ständigem Rühren bei mittlerer Hitze um 1/4 reduzieren. Vom Herd nehmen und etwas abkühlen lassen.

2 Die Eigelbe in die Milch einrühren und bis knapp unter den Siedepunkt erhitzen.

3 Vanillezucker und Rum zugeben, umrühren und heiß in feuerfeste Gläser füllen.

IRISH COFFEE

Zubereitungszeit:
ca. 10 Minuten

649 / 155 kJ / kcal
1 g Eiweiß
8 g Fett
9 g Kohlenhydrate
0 g Ballaststoffe

Zutaten für 4 Portionen

100 g Sahne • 8 cl Whiskey • 4 – 8 TL Zucker • 500 ml frisch gebrühter Kaffee

Zubereitung

1 Die Sahne halb steif schlagen.

2 Whiskey und Zucker auf 4 vorgewärmte Irish-Coffee-Gläser verteilen und umrühren.

3 Den Whiskey mit dem Kaffee aufgießen. Die Sahne über den Rücken eines Esslöffels auf den Kaffee laufen lassen.

4 Den Irish Coffee mit Strohhalm servieren und den Kaffee unter der Sahne heraustrinken.

KIRSCHPUNSCH

Zutaten für 4 Portionen

1 Glas Schattenmorellen à 680 g • 50 g Zucker • 4 EL Orangensaft • 500 ml Früchtetee

Zubereitungszeit:
ca. 15 Minuten

Zubereitung

1 Die Schattenmorellen abgießen und den Saft dabei auffangen.

2 Den Zucker in einem Topf bei mittlerer Hitze goldbraun karamellisieren lassen, dabei erst rühren, wenn der Zucker an einer Stelle zu schmelzen beginnt.

3 Den Zucker mit Kirsch- und Orangensaft ablöschen und so lange kochen, bis sich der Zucker aufgelöst hat.

4 Früchtetee und Kirschen zugeben, erhitzen, den Punsch auf 4 Gläser verteilen und heiß servieren.

910 / 216 kJ / kcal
2 g Eiweiß
1 g Fett
48 g Kohlenhydrate
2 g Ballaststoffe

PHARISÄER

Zutaten für 4 Portionen

8 cl brauner Rum • 8 TL Zucker • 600 ml frisch gebrühter Kaffee • 100 g Sahne
Kakaopulver

Zubereitungszeit:
ca. 10 Minuten

Zubereitung

1 Den Rum auf 4 vorgewärmte, feuerfeste Kaffeegläser verteilen, jeweils 2 Teelöffel Zucker zugeben und verrühren. Den Rum mit heißem Kaffee aufgießen.

2 Die Sahne steif, aber nicht ganz fest schlagen, und jeweils eine Sahnehaube auf den Kaffee setzen.

3 Mit Kakaopulver bestreuen und sofort servieren.

679 / 162 kJ / kcal
1 g Eiweiß
8 g Fett
11 g Kohlenhydrate
0 g Ballaststoffe

Über den Autor

Norbert Müller studierte Amerikanistik. Als gelernter Koch arbeitet er zusätzlich als Kochbuchautor und -redakteur. Sein Fachgebiet sind Kräuter und Gemüse, seine erklärte Liebe gilt der Küche ferner Länder.

Literatur

Donhauser, Rose Marie: Schlank mit ALDI. Südwest Verlag. München 2000

Fronek, Heidrun: Kochen mit ALDI. Südwest Verlag. 7. Auflage, München 2001

Fronek, Heidrun: Party mit ALDI. Südwest Verlag. 3. Auflage, München 2001

Fronek, Heidrun/Müller, Norbert: Zuckerfrei und süß – schlanke Rezepte. Südwest Verlag. München 1999

Müller, Norbert: ALDI – was Kindern schmeckt. Südwest Verlag. München 2001

Müller, Norbert: Gesunde Kräuterküche. Südwest Verlag. München 1999

Müller, Norbert: Luxus mit ALDI. Südwest Verlag. München 2001

Müller, Norbert: Schnelle Köstlichkeiten aus dem Wok. Südwest Verlag. 2. Auflage, München 2000

Müller, Norbert: Zucchini, Tomaten, Kürbis. Südwest Verlag. München 1999

Bildnachweis

Alle Fotos stammen von Michael Brauner, Karlsruhe (Foodfotografie) mit Ausnahme von: Gettyone Stone, München: Titel li. u. (Amy Neunsinger); Zefa, Düsseldorf: Titel li. o., 2/3 (K+H Benser), Titel li. Mitte (Marche), Titel re. (G. Schuster), 1 (Peisl), 70 li. (Westrich), 90 li., 113 re. (Joel Benard)

Hinweis

Das vorliegende Buch ist sorgfältig erarbeitet worden. Dennoch erfolgen alle Angaben ohne Gewähr. Weder Autor noch Verlag können für eventuelle Nachteile oder Schäden, die aus den im Buch gemachten praktischen Hinweisen resultieren, eine Haftung übernehmen.

Impressum

Der Südwest Verlag ist ein Unternehmen der Econ Ullstein List Verlag GmbH & Co. KG, München.
© 2001 Econ Ullstein List Verlag GmbH & Co. KG, München

Redaktion:
Dr. Annette Rehrl
Christian Hilt
Projektleitung:
Dr. Alex Klubertanz
Redaktionsleitung:
Dr. Christiane Lentz
Bildredaktion:
Sabine Weber
Produktion:
M. Metzger (Leitung),
A. Aatz, M. Köhler
Umschlag:
Dr. Alex Klubertanz
Layout:
Martina Funk
DTP:
Martina Funk

Printed in Italy
Gedruckt auf chlor- und säurearmem Papier

ISBN 3-517-08151-5